KLAUS F. RITTSTIEG

DIE STILLE **GEGENREVOLUTION**

KLAUS F. RITTSTIEG

DIE STILLE GEGEN REVOLUTION

Haben wir mit dem
Gender-Mainstreaming
über das Ziel hinausgeschossen?

braumüller

Bibliografische Information der Deutschen Nationalbibliothek
Die Deutsche Nationalbibliothek verzeichnet diese Publikation in der Deutschen Nationalbibliografie; detaillierte bibliografische Daten sind im Internet über http://dnb.d-nb.de abrufbar.

Printed in Austria

1. Auflage 2017

Servitengasse 5, A-1090 Wien
www.braumueller.at

Lektorat: Birgit Rezny
Druck: Christian Theiss GmbH, A-9431 St. Stefan im Lavanttal
ISBN 978-3-99100-203-1

Vorwort

Liebe Leserin, lieber Leser. Sollten Sie großen Wert auf politische Korrektheit legen, dann fürchte ich, dass Sie keine Freude mit diesem Buch haben werden. Ich bin Naturwissenschaftler, und politische Unkorrektheit ist bei uns fast so etwas wie eine Berufskrankheit. Wir werden darauf gedrillt, in unserem Fachgebiet so objektiv und unvoreingenommen wie möglich nach verlässlichen Erkenntnissen zu suchen. Das wissenschaftliche Gebäude der Naturwissenschaften soll die Jahrhunderte überdauern, weshalb auf Zeitgeistströmungen im Idealfall keine Rücksicht genommen wird.

Können sich die Naturwissenschaften nicht auch irren? Selbstverständlich können sie das, und das passiert andauernd. Es gibt aber Erkenntnisse, die derart fest abgesichert sind, dass es Sinn macht, sie als „safe ground" anzusehen: Es wird heute beispielsweise niemand mehr ernsthaft an der Theorie zweifeln, dass die Erde rund ist. Ähnlich fest abgesichert sind die Kernaussagen dieses Buches zum Thema Gleichheit. Wenn man mit ganz verschiedenen Ansätzen und Methoden wie der Evolutionsbiologie, der Genetik und der Gehirnforschung zur selben Aussage kommt, dann geht die Wahrscheinlichkeit eines fundamentalen Irrtums gegen Null.

Wenn Sie der Meinung sind, Naturwissenschaftler sollten sich an die politische Korrektheit halten, dann kann ich nur empfehlen, dieses Buch schnell wieder aus der Hand zu legen. Andernfalls wünsche ich viel Spaß beim Lesen.

Klaus F. Rittstieg

Inhalt

Prolog:

Meine Ernennung zum SklavInnenhalter

Die Abschiedsfeier meines kurdischen Freundes findet in einem kleinen Restaurant in Wien statt. Wenn der beste Freund wieder zurück in seine alte Heimat geht, dann reist man schon einmal von Graz an, meine Frau und unsere vier Monate alte Tochter sind auch dabei. Es ist ein Samstag im März 2004.

Mein Freund ist zwar Chemiker wie ich, nebenbei aber leidenschaftlicher Literatur- und Poesieliebhaber. So kommt es also, dass die Gäste der Feier überwiegend Wiener Literaten und Literatinnen sind. Alternativ angehauchtes Multikulti-Milieu – für mich, als ehemaliges Mitglied der Hamburger Umweltbewegung, angenehm vertraut. Nach dem Essen verabschiedet sich meine Frau mit unserer Tochter in Richtung Hotel. Ich bleibe noch und genieße interessante Gespräche, eine gute Portion Sentimentalität, wie es sich für eine Abschiedsfeier gehört, und das eine oder andere Getränk.

Zu fortgeschrittener Stunde werde ich dann gefragt, ob meine Frau denn berufstätig sei. Und was ich so mache. Am Rande bemerke ich, dass diese Fragen irgendwie interessant zu sein scheinen, die ganze Runde hört auf einmal zu. „Nein, meine Frau ist nicht berufstätig, sie möchte sich ein paar Jahre um unseren Nachwuchs kümmern“, antworte ich. „Und ja, ich bin berufstätig, als Chemiker in einem mittelständischen Anlagenbauunternehmen.“ Aha. Eine mir gegenübersitzende Poetin schaltet sich etwas gereizt in das Gespräch ein: Meine

Frau verzichte also auf ihre Selbstverwirklichung, um sich einer sklavenartigen und frustrierenden Tätigkeit zu widmen, während ich mich im Beruf verwirkliche. Alle Blicke sind jetzt auf mich gerichtet. Viel zu spät merke ich: Ich sitze auf der Anklagebank. Mangels einer durchdachten Verteidigungsstrategie fange ich an zu erzählen. Dass es mir gerade beruflich gar nicht gut gehe. Und dass ich im Moment nichts lieber täte, als mit meiner Frau zu tauschen, was aber aus finanziellen Gründen nicht möglich sei und auch das Stillen eher kompliziert machen würde. Mein improvisiertes Plädoyer bleibt wirkungslos. Na klar, die üblichen Ausreden. Rückständig. Kennen wir alles. Ich schaue in die Runde der Geschworenen. Die Blicke sagen alle das Gleiche: Schuldig im Sinne der Anklage. Ich – bin – ein – Sklavenhalter. Oder korrekter: ein SklavInnenhalter.

Auf dem Weg zurück ins Hotel versuche ich, Ordnung in meine Gedanken zu bringen. Sind meine Frau und ich wirklich rückständig? Verraten wir die Frauenbefreiung durch ihre vorübergehende Berufsabstinenz?

Schließlich bleibt eine Frage übrig, die mir nicht mehr aus dem Kopf will: Wie kann es sein, dass Leute, die die Frauen befreien wollen, meiner Frau und mir vorschreiben, wie wir zu leben und was wir zu wollen haben? Hat Freiheit nicht etwas damit zu tun, nach seinen eigenen Vorstellungen zu leben und das wollen zu dürfen, was einem selbst passend erscheint?

Moderne Mythen

Ein Mythos wird geboren

Mythen, Märchen und Aberglaube als Grundlage des Welt- und Menschenbildes – ja, so etwas gab es mal im Mittelalter. Aber heute – nein. Heute leben wir auf der Grundlage von Vernunft und wissenschaftlichen Erkenntnissen. Wir sind die modernen Menschen der Neuzeit, wir glauben nicht an Mythen und Märchen, sondern an Fakten. Wir haben uns aus dem finsteren Sumpf des Mittelalters herausgearbeitet und sonnen uns im Licht der Aufklärung.

Ist das wirklich so? Ich behaupte, dass diese Sichtweise – ein moderner Mythos ist. Und: dass wichtige Teile des heutigen Welt- und Menschenbildes nicht auf wissenschaftlichen Fakten beruhen, sondern auf Mythen.

Bei der Schaffung moderner Mythen hat sich die feministische Bewegung, auch Frauenbewegung oder Frauenbefreiung genannt, als außerordentlich produktiv hervorgetan. Wie ist es dazu gekommen?

Die feministische Bewegung ist ursprünglich mit einem wertvollen und sinnvollen Ziel angetreten: der Gleichberechtigung. Dieses Ziel war nicht leicht zu erreichen, dafür brauchte es eine enorme Kraftanstrengung und die Mobilisierung und wohl auch ein Stück weit die Radikalisierung einer riesigen Menschenmasse. Aber was geschieht nun mit dieser gewaltigen menschlichen Energie, die in voller Fahrt ist, wenn die ursprünglichen und sinnvollen Ziele auf einmal erreicht sind? Das, was bei allen revolutionären Umwälzungen geschah, wenn sie siegreich waren: Man kann die Energie einer solchen Bewegung nicht einfach mal eben so stoppen. Sie ist wie ein riesiger Güterzug, der mit voller Geschwindigkeit in den

Zielbahnhof einfährt. Diese Energie macht sich selbstständig, fährt einfach am Ziel vorbei und immer weiter. Wenn man die ursprünglichen Ziele erreicht hat, erfindet man einfach neue. Im Moment des Sieges verstummen auch die kritischen und mahnenden Stimmen. Damit wird ein kritischer Punkt erreicht: Wenn abweichende Meinungen nicht mehr möglich sind und die Anführer der Bewegung den Status der Unfehlbarkeit verliehen bekommen, kommt es unweigerlich zum Realitätsverlust. Es wird eine eigene Version der Wirklichkeit geschaffen, die Geburtsstunde eines neuen Mythos hat geschlagen.

Die feministische Bewegung war ursprünglich mit dem Ziel angetreten, dass Frauen berufstätig sein dürfen. Als das erreicht wurde, kam die Forderung auf, dass sie es müssen. Frauen, die sich weigerten, wurden zu rückständigen und dummen Hausmütterchen erklärt. Ursprünglich wollte man auch gleiche Rechte für Mann und Frau, nun wollte man die Gleich*heit* von Mann und Frau. Klingt ähnlich, der feine Unterschied ist aber, dass eine Gesellschaft die Möglichkeit hat, gleiche Rechte zu beschließen und durchzusetzen, während die Gleichheit eine Forderung an die Biologie des Menschen ist.

Mit der Forderung nach Gleichheit wurde dann ein Mythos geboren, den Simone de Beauvoir mit einem Satz auf den Punkt gebracht hat: „Die Frau wird nicht als Frau geboren, sie wird zur Frau gemacht." Er besagt, dass Mann und Frau nur bezüglich einiger offensichtlicher anatomischer Unterschiede ungleich geboren werden, bezüglich ihrer psychischen und kognitiven Eigenschaften sowie Vorlieben und Lebensprioritäten jedoch völlig gleich das Licht der Welt erblicken. Alle Unterschiede, die wir jeden Tag erleben, gehen demnach aus der unterschiedlichen Erziehung und Beeinflussung durch die Gesellschaft und Umwelt hervor. Die Tatsache, dass Biologen,

Mediziner und Genetiker die Gleichheitsbehauptung nicht bestätigen konnten, wurde ganz einfach als versuchte Gegenwehr der Männer angesehen – denn damals gab es ja fast ausschließlich männliche Vertreter dieser Wissenschaftsdisziplinen.

Inzwischen sind wir in der angenehmen Lage, dass in Deutschland 65 Prozent der Biologiestudenten Studentinnen sind, und auch in Lehre und Forschung gibt es einen hohen Frauenanteil, sodass wir die Biologie vom Generalverdacht der Männerverschwörung einfach mal freisprechen können. Ähnliches gilt für die Medizin und die Genetik. Die Ironie der Geschichte wollte es, dass sich diese nun doch deutlich weiblicheren Fachrichtungen den Behauptungen der Frauenbewegung in keiner Weise angenähert, sondern sich eher noch weiter von ihnen emanzipiert haben. Gehirnforscher, Neurologen, Evolutionsbiologen und Genetiker sagen es zunehmend ungeniert und deutlich: Männer und Frauen ticken anders – und zwar bereits zum Zeitpunkt der Geburt, also vor jeder gesellschaftlichen Beeinflussung. Noch versucht man seitens der Hüterinnen des Gleichheitsmythos, auf diesen Erkenntnissen den Deckel zu halten, aber ihre Medienmacht schwindet und es wird immer schwieriger, die inneren Widersprüche der ideologisch reinen Lehre zu übersehen. Die Theorien, die vor 50 Jahren so gut passten, kollidieren heute an allen Ecken und Enden mit einer Realität, die sich weiterentwickelt hat.

Liebe Leserin, lieber Leser, Sie ahnen es jetzt schon. In den nächsten Kapiteln geht es ans Eingemachte. Einige Aussagen werden nach jahrzehntelanger mythologischer Gehirnwäsche wehtun und nach billigen Klischees riechen. Aber: Nur weil etwas ein Klischee ist, heißt es nicht, dass nicht auch ein Funken Wahrheit darin enthalten sein kann – oder manchmal sogar ein ganzes Schäufelchen.

Der Gleichheitsmythos: Weshalb gibt es überhaupt Geschlechter?

Zunächst einmal wäre da die Frage, warum in der Evolution vor ca. 600 Millionen Jahren die Aufspaltung in männliche und weibliche Individuen stattfand und warum dieses Konzept sich gerade bei hoch entwickelten Lebensformen so durchgesetzt hat. Auf den ersten Blick überwiegen eindeutig die Nachteile: Auf der körperlichen Ebene wird durch die Aufspaltung und den raffinierten Vorgang der zweigeschlechtlichen Fortpflanzung die Komplexität innerhalb einer Art stark erhöht. Jede Erhöhung der Komplexität ist jedoch ein Nachteil. Außerdem wird dadurch für das Individuum die Anzahl der möglichen Fortpflanzungspartner um ca. 50 Prozent verringert, und die Hälfte der Individuen – bei den Menschen die Männer – können keine Nachkommen zur Welt bringen, sondern auf körperlicher Ebene nur den Samen dazu beitragen. Zwitterartige Tiere wie z. B. Schnecken haben diese Probleme nicht. So betrachtet hätte das Konzept der Zweigeschlechtlichkeit innerhalb kürzester Zeit wieder aussterben müssen, es sei denn, dass diese Nachteile durch entsprechende Vorteile mehr als aufgewogen würden.

Ein wichtiger Vorteil liegt darin, dass bei der geschlechtlichen Fortpflanzung immer zwei Gensätze miteinander kombiniert werden, wodurch in jeder neuen Generation mehr Eigenschaftskombinationen ausprobiert werden können, als dies bei ungeschlechtlicher Zellteilung der Fall ist. Bei hoch entwickelten Tieren sorgt dabei zusätzlich die Auslese über das Konzept der Attraktivität dafür, dass sich besonders vorteilhafte Gensätze schneller durchsetzen können und zueinander kompatible Anlagen zusammenfinden.

Für unsere Thematik ist aber ein weiterer Vorteil von besonderem Interesse: Die Aufspaltung in zwei Geschlechter ermöglicht bei Arten, die in sozialen Verbänden leben, eine Spezialisierung von Männchen und Weibchen auf verschiedene Aufgabenbereiche, wodurch sich wichtige Fähigkeiten stark verbessern lassen und die Effizienz durch Arbeitsteilung gesteigert wird. Arten, bei denen das in hohem Maße der Fall ist, erkennt man daran, dass Männchen und Weibchen sich körperlich voneinander unterscheiden, wie beispielsweise beim Homo sapiens.

Wie erfolgreich das Konzept der sexuellen Fortpflanzung im Tierreich war und ist, sieht man bei einem Blick auf die Statistik: 99,8 Prozent aller lebenden Tierarten pflanzen sich sexuell fort.[1]

Geschlechterrollen bei Primaten

Aufschlussreiche Beispiele für diese Differenzierung finden wir bei unseren nächsten Verwandten in der Tierwelt, der Gruppe der Primaten, die die verschiedenen Menschenaffen und den Menschen selbst umfasst. Trotz der großen Bandbreite an unterschiedlichen Rollenmodellen gibt es einige Merkmale, die bei allen Arten gleich sind:

- Das Verhalten sowie die Rollen von Männchen und Weibchen innerhalb der Gruppe unterscheiden sich voneinander.

- Säuglinge und noch nicht selbstständige Jungtiere werden immer von der Mutter betreut.

- Die Männchen übernehmen die Hauptverantwortung bei der Abwehr von äußeren Gefahren, sei es durch Raubtiere oder benachbarte Gruppen von Artgenossen. Dies umso mehr, je ausgeprägter der Größenunterschied zwischen Männchen und Weibchen ist.

Diese Eigenarten, die weit über die einzelne Art hinaus bestehen, können mit Sicherheit als genetisch bestimmt angesehen werden.

Schon dieser kurze Blick auf die Entstehung der Geschlechter und unsere nähere biologische Verwandtschaft lässt die feministische These, dass der Homo sapiens als einzige Primatenart keine genetisch vorgegebene männliche und weibliche Wesensmerkmale aufweist, als nicht sehr plausibel erscheinen.

Beim Menschen bestehen eindeutige Unterschiede im Hinblick auf körperliche Merkmale, wie durchschnittliche Größe, Behaarung, Hautdicke, Fett- und Muskelanteil und vieles mehr. Diese körperlichen Unterschiede zwischen Mann und Frau können nur genetisch bedingt sein, sie sind also im Laufe der evolutionären Entwicklung als Anpassung an jeweils verschiedene Aufgabenbereiche entstanden. Die Annahme, dass sich im Laufe der Evolution die Gene für körperliche Eigenschaften jeweils verschieden ausgebildet haben, während die Gene für geistige Eigenschaften und Fähigkeiten gleich geblieben sind, ist biologisch betrachtet nicht sinnvoll. In der Realität entwickeln sich gehirnmäßige Eigenschaften und körperliche Eigenschaften gemeinsam und aufeinander abgestimmt, um eine optimale Anpassung an die jeweiligen Anforderungen zu erreichen. Die Trennung von Körper und Geist ist eine ideologisch motivierte Behauptung.

Man kann also davon ausgehen, dass sich die gehirnmäßigen Eigenschaften von Mann und Frau in einem ähnlichen Ausmaß unterscheiden wie die körperlichen.

Arbeitsteilung beim frühen Homo sapiens

Um die Biologie des Menschen und den genetisch bedingten Anteil von geschlechtsspezifischen Differenzierungen verstehen zu können, macht es Sinn, den frühen Homo sapiens zu betrachten. Machen wir also eine kleine Zeitreise 160.000 Jahre in die Vergangenheit. Dabei lernen wir den Menschen quasi in seinem Urzustand kennen – weitgehend unbeeinflusst von Ideologien, Massenmedien und dergleichen. Viele heute seltsam erscheinende Verhaltensweisen des Homo sapiens werden durch diese Betrachtung verständlich.

Um einen Einblick in das Leben des frühen Homo sapiens zu bekommen, sind wir zum Glück nicht nur auf die spärlichen archäologischen Funde und deren Interpretation angewiesen. Es existieren heute noch einige sogenannte „unkontaktierte" Völker, die völlig isoliert von jeglicher Zivilisation ein archaisches Jäger-und-Sammler-Leben führen. Man kann davon ausgehen, dass diese Gruppen sehr ähnlich leben wie unsere Vorfahren zur Zeit der Entstehung des Homo sapiens. Derartige Völker gibt es im Amazonasregenwald, in Zentralafrika, Indonesien, Australien und auch noch recht ursprünglich lebende Inuit-Gruppen in Nordamerika sind bekannt.

Das Leben dreht sich in einem für uns unvorstellbar hohen Maße um ein Thema: Essen. Nahrungsmittel sind, mit Ausnahme gewisser Jahreszeiten, ein knappes Gut. Insbesondere in fruchtbaren Regionen verfügt eine Gruppe über ein fixes Territorium, dessen Lage und Größe genau definiert ist und das von den Territorien benachbarter Gruppen umgeben ist.

Geschlechtsverkehr wird in den meisten Kulturen gerne und oft betrieben, teilweise auch, um vom Hunger abzulenken. Dabei ist nicht in allen Kulturen bekannt, dass es einen Zusammenhang zwischen Geschlechtsverkehr und Fortpflanzung gibt. Dementsprechend vermehrt sich die Gruppe stetig trotz relativ hoher Sterblichkeit durch Krankheiten, Gewalt zwischen Menschen und anderen Gefahren. Bei konstantem Territorium und stetig zunehmender Anzahl der Gruppenmitglieder gibt es regelmäßig nur die Auswahl zwischen zwei

Optionen: hungern oder eine Nachbargruppe überfallen. Daher sind Jäger- und Sammlergruppen oder auch ganze Stämme in ertragreichen Klimazonen oft nahezu permanent im Kriegszustand mit einer oder mehreren benachbarten Gruppen. Der latente Kriegszustand kann sich jederzeit in Überfällen und Kriegszügen entladen, wobei jede Gruppe versucht, sich durch taktische Bündnisse mit anderen Gruppen in eine vorteilhafte Position zu bringen.

Die kriegerischen Auseinandersetzungen sind äußerst brutal. Männliche Gefangene werden nicht gemacht, man könnte sie nicht bewachen und ernähren. Unterlegene Feinde, die keine Fluchtmöglichkeit haben, werden ausnahmslos getötet. Zwischenmenschliche Gewalt ist in Jäger-und-Sammler-Gesellschaften entweder die häufigste Todesursache oder rangiert an zweiter Stelle nach Krankheiten.[2] Laut Gewaltforscher Steven Pinker sind in Jäger-und-Sammler-Gesellschaften rund 60 Prozent der Männer gewaltsam ums Leben gekommen.[3] Wirklich dauerhaft einigermaßen friedlich leben lediglich wenige Kulturen, die in kargen, unfruchtbaren Regionen umhernomadisieren. Sie treffen selten auf andere Gruppen, und das Land ist es nicht wert, verteidigt zu werden. Morde sind aber auch hier keine Seltenheit, zwischenmenschliche Gewalt bleibt eine wichtige Todesursache. Kriegerische Gewalt gilt auf dieser Entwicklungsstufe nicht als unmoralisch.

Der lange Zeit beim Homo sapiens übliche Level an Gewalttätigkeit ist heute noch bei vielen alltäglichen Verhaltensweisen sichtbar: In fast allen Kulturen gehört die geöffnete Hand in der einen oder anderen Form zum Begrüßungsritual. Die Symbolik ist einfach: Schau her, ich habe die Keule nicht in der Hand. Und auch heute noch bevorzugen Männer Rucksäcke gegenüber Handtaschen: Falls es Ärger geben sollte, hat man gern beide Hände frei. Aus einem ähnlichen Grund sind in einem Restaurant die beliebtesten

Plätze nach wie vor die mit dem Rücken zur Wand, weil dann niemand von hinten angreifen kann und man immer sieht, wer sich nähert.

Männermangel ist bei ursprünglichen Kulturen ein häufiges Problem: Von den Kriegszügen kommen nicht immer alle zurück und auch die Jagd ist mit Gefahren verbunden. Wenn man einer Jäger-und-Sammler-Frau mitteilen würde, dass sie von unterdrückerischen Männern in eine nachteilige Rolle gedrängt wird und es vernünftig wäre, sich dagegen zur Wehr zu setzen, würde sie vermutlich nicht wenig über eine solche Aussage staunen.

Was das Sozialverhalten angeht, so neigen Männer spätestens ab der Entwicklungsstufe der Stammeskultur, die nach der Jäger-und-Sammler-Gruppe kam, zu hierarchischen Strukturen. Diese erhöhen die Erfolgswahrscheinlichkeit bei der gemeinsamen Jagd und bei kriegerischen Unternehmungen. Frauen organisieren sich dagegen weniger hierarchisch, Beziehungsnetzpflege wird großgeschrieben.

Frauen kümmern sich schwerpunktmäßig um die Säuglings- und Kinderbetreuung, den „häuslichen Bereich", das Sammeln von Beeren, Wurzeln und Kräutern, handwerkliche Feinarbeiten sowie künstlerische Tätigkeiten. Auch die Heilkunde wird oft von Frauen betrieben. Männer hingegen haben ihren Schwerpunkt bei der Jagd, bei kriegerischen Auseinandersetzungen und grobhandwerklichen Tätigkeiten. Schon früh wird die Faszination von Technik bei Männern begründet: Gute Waffen steigern die Erfolgs- und Überlebenschancen. Noch heute ist die Rüstungsindustrie ein wichtiger Innovationsmotor. Je nach Entwicklungsstufe wird die Jagd sukzessive durch Ackerbau oder Viehzucht ergänzt oder ersetzt.

Bezüglich der Aufgabenteilung fällt auf, dass diese in groben Zügen fast überall auf der Welt ähnlich ist, mit wenigen Ausnahmen.

Partnerwahl in der Steinzeit

Steinzeitliche Kulturen stehen in dem Ruf, keinen besonders ausgeprägten Feinsinn für politische Korrektheiten gehabt zu haben. Die empathischen und poetischen Fähigkeiten der Männer standen daher nicht im Vordergrund, vielmehr fanden Jäger- und Sammlerfrauen es hinreißend, wenn die Männer stark und kampffähig waren. Die Jäger- und Sammlerfrau war, insbesondere in der Zeit der Schwangerschaft, besonders verletzlich und zusätzlich an schneller Flucht gehindert, daher brauchte sie einen Mann, der sie wirksam beschützen konnte. Zudem sollte er ein guter Jäger und ein geschickter Handwerker sein – fertig ist der Traummann der Steinzeit. Das i-Tüpfelchen war dann noch ein hoher Sozialstatus, der schon früh einen besseren Zugang zu Ressourcen bedeutete, was besonders in Perioden der Nahrungsmittelknappheit wichtig war.

Für den Mann hingegen war bei der Partnerinnenwahl die Kompetenz und das Geschick in weiblichen Arbeitsgebieten wichtig sowie die Fähigkeit, Kinder zu gebären und gut zu erziehen. Die Frau sollte also sozial kompetent und handwerklich geschickt sein sowie körperlich gesund und gebärfähig wirken. Insbesondere ein Verhältnis des Taillenumfanges zum Beckenumfang von ca. 60 bis 80 Prozent sowie glatte Haut sind medizinisch betrachtet brauchbare Anzeichen.

Kinderbetreuung bei Familie Feuerstein

Die Zuweisung der Säuglings- und Kindererziehung zum weiblichen Rollenbild wird von Feministinnen ganz besonders heftig bekämpft und auf männliche Verschwörungen zurückgeführt. Daher im Folgenden eine Zusammenfassung der rein biologischen Gründe beim frühen Homo sapiens:

- Die Frau hatte aufgrund der Schwangerschaft bereits ein Naheverhältnis zum Säugling – er kannte ihren Herzschlag und ihre Stimme.

- Die Frau war in der Lage, den Säugling zu stillen.

- Die Frau verfügte über höhere empathische und kommunikative Fähigkeiten als der Mann. Sie konnte die Signale des Säuglings besser deuten.

- Bei Frauen wurde ein euphorisierendes und überdies die Bindung stärkendes Hormon (Oxytocin) ausgeschüttet, wenn sie einen Säugling stillten.

- Aufgrund der höheren Sterblichkeit der Männer war die Mutter die verlässlichere Bezugsperson.

Dazu kommt noch die Tatsache, dass in vielen frühen menschlichen Kulturen die sexuelle Treue zwischen Mann und Frau nicht sehr ausgeprägt war. Das heißt, der Mann war sich alles andere als sicher, dass die Kinder seiner Frau mit ihm blutsmäßig verwandt waren. Rein evolutionsbiologisch betrachtet hatte er also deutlich weniger Veranlassung, sich intensiv mit ihnen zu befassen. Manche Kulturen wie z. B. die Huronen in Nordamerika lebten daher auch das Avunkulat: Ein Mann vererbte sein Eigentum den Kindern seiner Schwester und nicht den Kindern seiner Frau, weil er bei seinen Neffen und Nichten sicher sein konnte, dass sie blutsmäßig mit ihm verwandt waren.

Anatomische Unterschiede

Hier noch eine Zusammenfassung einiger anatomischer und physiologischer Unterschiede zwischen dem männlichen und weiblichen Homo sapiens (statistische Durchschnittswerte):

- Männer wiegen etwa 15 Prozent mehr.
- Männer sind im Schnitt 6 bis 7 cm größer.
- Männer haben schmalere Hüften und einen größeren Brustumfang.
- Der Oberkörper von Männern ist im Schnitt 40 bis 50 Prozent stärker, der Unterkörper ca. 30 Prozent und Ellenbogen und Knie ca. 42 bis 60 Prozent.
- Männer haben relativ zu ihrer Körpergröße ca. 30 Prozent mehr Lungenvolumen und ein um 10 Prozent größeres Herz.
- Die Haut von Männern ist dicker, fettiger und behaarter.
- Frauen haben einen höheren Körperfettanteil.
- Frauen haben einen niedrigeren Blutdruck, Frauenherzen schlagen dafür etwas schneller.
- Männer haben im Schnitt 5,2 Millionen rote Blutkörperchen pro Milliliter, Frauen 4,6 Millionen.
- Männer haben mehr Hämoglobin als Frauen und können daher mehr Sauerstoff speichern.

- Der physiologische Grundumsatz von Männern ist etwa 10 Prozent höher als der von Frauen.
- Männer haben stärkere Knochen.
- Männer können mehr Hitze abgeben, weil sie mehr Schweißdrüsen haben.
- Frauen haben mehr weiße Blutkörperchen (bessere Immunabwehr).
- Männer haben mehr Gerinnungsfaktoren und Inhibitoren im Blut (schnellere Wundheilung).

Alle hier aufgezählten, noch heute vorhandenen Eigenschaften kann man leicht mit den oben beschriebenen Aufgabengebieten in Zusammenhang bringen.

Wie groß ist der „kleine Unterschied"? – Ergebnisse der Gehirnforschung

Wirklich spannend wird es bei der Untersuchung des männlichen und weiblichen Gehirns. Die angebliche Gleichheit von Mann und Frau wurde in den 1960er-Jahren postuliert. In der Zwischenzeit hat sich in den Neurowissenschaften viel getan, es wurden neue Methoden und Technologien entwickelt, die spannende und detaillierte Einblicke in die Funktionsweise und Entwicklung des menschlichen Gehirns ermöglicht haben.

Wie entwickelt sich das Gehirn bei Mädchen und Jungen? – Am Anfang gleich: Bis zur 9. Schwangerschaftswoche gibt es das politisch korrekte Unisex-Gehirn, wie es im Genderlehrbuch steht. Danach beginnt bei den Jungen die Bildung von Testosteron. Es bewirkt in dieser Entwicklungsphase die Ausbildung männlicher Geschlechtsorgane, fördert das Muskelwachstum und die „Maskulinisierung“ des Jungengehirns. Schon bei der Geburt, also vor jeder möglichen gesellschaftlichen Beeinflussung, unterscheiden sich daher männliche und weibliche Gehirne in einer Vielzahl struktureller Details. Diese Unterschiede liegen beispielsweise in unterschiedlich großen Gehirnarealen, einem unterschiedlichen Vernetzungsgrad in bestimmten Hirnregionen, einem höheren Anteil an grauer Gehirnmasse bei Männern und weißer Gehirnmasse bei Frauen oder in unterschiedlich vielen Rezeptoren für Hormone, sodass die Empfindlichkeit auf Hormonausschüttungen verschieden ist. Auch die Organisation männlicher und weiblicher Gehirne ist unterschiedlich: Bei Ausführung der gleichen Aufgaben werden teilweise andere Gehirnbereiche aktiviert. Dabei gibt es robuste Unterschiede, die also bei jedem beliebigen Mann und jeder beliebigen Frau zu finden sind, aber auch solche statistischer Natur, die sich ähnlich wie die Körpergröße verhalten.

Im Zusammenhang mit dem Thema dieses Buches ist ein wichtiger Umstand der, dass die oben beschriebene Maskulinisierung des Gehirns nicht immer gleich verläuft. Das heißt, dass es einen gewissen Prozentsatz von Jungen und Männern mit sehr weiblichen Gehirnstrukturen gibt und umgekehrt einen Prozentsatz von Mädchen und Frauen mit sehr männlichen Gehirnstrukturen. Dabei spielen genetische und hormonelle Faktoren, insbesondere eine ungewöhnlich hohe oder niedrige Testosteronausschüttung, eine wichtige Rolle. Dennoch kann man – gerade in Zeiten des Gender-Mainstreamings – festhalten, dass die überwiegende Mehrheit von Frauen über dezidiert weibliche Gehirnstrukturen verfügt und die überwiegende Mehrheit von Männern über männliche – und zwar ohne jeden erzieherischen Einfluss, von Geburt an.

Gleichzeitig steht fest, dass das Gehirn kein statisches, sondern ein dynamisches Organ ist. In der Kindheit und Jugend im Aufbau begriffen, befindet sich auch das Gehirn des erwachsenen Menschen im Zustand eines permanenten Umbaus, wobei sowohl soziokulturelle Einflüsse als auch biologische Faktoren wirksam werden. Anders als in der politischen Diskussion stehen sich dabei erbliche und kulturelle Einflüsse nicht feindlich gegenüber, sondern beeinflussen und bedingen einander gegenseitig. Es ist eine Art Pingpongspiel der Gene mit der Umwelt, bei dem das Gewinnen nicht im Vordergrund steht, sondern der Spaß am Spiel. Die Angabe machen dabei die Gene, die Dauer bestimmen beide gemeinsam und wie der Spielstand am Ende aussieht – vieles spricht für ein klares Unentschieden.

Vorausgegangen ist dem jeweils eine zweifache Lotterie: Das Genlotto bestimmt den Cocktail aus väterlichen und mütterlichen Genen, die man zugeteilt bekommen hat, und das Soziallotto bestimmt Kultur, Zeitepoche und die Familie, in deren Leben man purzelt – mehr oder weniger gewollt.

Bevor ich noch weiter vom Thema abschweife, seien hier einige unstrittige Unterschiede zwischen Männern und Frauen auf Gehirnebene kurz dargestellt:

Kognitive Unterschiede

„Zwei mal drei macht vier, widewidewitt und drei macht neune …" – natürlich wollte Astrid Lindgren mit Pippilotta Rollgardina Viktualias Titelsong kein Statement über weibliche Mathematikbegabungen abgeben. Aber Spaß beiseite – gibt es sie oder gibt es sie nicht, die geschlechtsspezifischen Unterschiede bei kognitiven Fähigkeiten? Willkommen auf dem wohl gefährlichsten Minenfeld der gesamten Genderdebatte. Jedes unbedachte Wort kann gewaltige Emotionsladungen zur Explosion bringen und Shitstürme biblischen Ausmaßes auf den Datenwogen des World Wide Web entfesseln, die jede sachliche Diskussion zu einer unerreichbaren Insel der Seligkeit werden lassen. Warum schreibe ich nicht ein Buch über Orchideenzucht? Egal, dafür ist es jetzt zu spät. Also, fangen wir an: Sind Männer intelligenter als Frauen? Oder umgekehrt?

Intelligenz ist ein komplexes und konstruiertes Konzept. Je nachdem, wie man bestimmte Fähigkeiten bewertet, kommen mal die Männer, mal die Frauen als die intelligenteren heraus. Intelligenztests werden heutzutage so entwickelt, dass die Fähigkeiten, bei denen es geschlechtsspezifische Unterschiede gibt, möglichst nicht abgefragt werden. Daher gibt es natürlich bei der so abgefragten Intelligenz auch keine großen Unterschiede. Was dennoch auffällt: Die Intelligenzverteilung ist bei Männern und Frauen verschieden. Bei Männern ist die Verteilung breiter als bei Frauen, und zwar in beide Richtungen von der Mitte. Das heißt im Klartext: Es gibt mehr männliche Genies, insbesondere bei mathematischen Fähigkeiten, aber auch mehr männliche Minderbegabte. Diese Unterschiede sehen in der Kurve minimal aus, weil es ja auch nur sehr wenige extrem begabte Menschen gibt, bedeuten aber in der Praxis, dass es ca. viermal mehr männliche Mathematikgenies als weibliche gibt.[4] Auch die überwiegende Mehrzahl der sogenannten „Savants“, also Menschen mit außergewöhnlichen mentalen Fähigkeiten, und die der oft punktuell extrem begabten Autisten ist männlich.

In einzelnen Bereichen gibt es Unterschiede, die eindeutig als genetisch determiniert bewiesen wurden. Es ist erwiesen, dass Jungen und Männer bei dreidimensionalen Rotationsaufgaben besser abschneiden als Mädchen und Frauen. Auch bei der Orientierung im Raum und mit Karten sind die Strategien unterschiedlich: Männer denken geometrisch und in Distanzen, Frauen orientieren sich an markanten Punkten und können sich Objekte im Raum besser merken. Bei sprachlichen Tests schneiden dagegen die Mädchen und Frauen deutlich besser ab als Jungen und Männer, und das wiederum von frühester Kindheit an. Das entspricht auch der Alltagserfahrung: Mädchen lernen meist früher sprechen als Jungen und dieser sprachliche Vorsprung bleibt im Laufe der Entwicklung bestehen. Auch Sprachstörungen sind bei Jungen und Männern häufiger, was mit einer Lokalisation in nur einem Gehirnareal in Zusammenhang gebracht wird, während bei Frauen die Sprachfähigkeiten in beiden Gehirnhälften lokalisiert sind. Daher gibt es auch viel mehr Stotterer als Stotterinnen.

Das nächste Thema ist zum Glück entspannter, weil hier klar die Frauen die Nase vorn haben und weil man so etwas in unserer herrlich gleichberechtigten Kultur deshalb natürlich ganz selbstverständlich auch schreiben darf:

Empathische Fähigkeiten

Die Fähigkeit, Gesichtsausdrücke zu deuten, und sozial kompetentes Verhalten sind bei Mädchen und Frauen ausgeprägter. Nach neueren Studien ist die Fähigkeit zur Empathie in speziellen Arealen der grauen Substanz beheimatet und steht in Konkurrenz zur Fähigkeit zur Systematisierung, die eher Männern zugeschrieben wird. Mit anderen Worten: Je größer die empathischen Fähigkeiten, desto kleiner die Fähigkeit zum Systematisieren und umgekehrt.[5]

Auch die schon bei Kleinkindern bekannten Präferenzen für technisch-objekthafte Spielsachen bei Jungen und Puppen bei Mädchen sind ein Klischee, das wissenschaftlich mit großer

Sicherheit und kulturunabhängig bestätigt wurde. Diese Neigungen sind selbst bei Schimpansen nachweisbar, bei denen die Affenjungen Spielzeugautos und Bälle super finden und die Affenmädchen den Kochtopf oder die Puppe bevorzugen.[6] Der Psychologe Simon Baron-Cohen hat bereits bei menschlichen Babys, die einen Tag alt waren, nachgewiesen, dass sich Mädchen mehr für Gesichter interessieren und Jungen mehr für systemhafte technische Objekte.

Geruchsinformationen

Geruchsinformationen werden besser von Frauen verarbeitet. Sie riechen zwar die meisten Substanzen nicht empfindlicher als Männer, können Gerüche aber besser identifizieren, erkennen und sich an sie erinnern.

Raumkoordination

Die Raumkoordination ist bei Männern ausgeprägter. Beispielsweise können schon kleine Jungen besser auf ein bewegtes Ziel werfen als ihre Schwestern, Frauen haben dagegen Vorteile bei der Feinkoordination. Aussagen wie „Du boxt wie ein Mädchen“ sind zwar klischeehaft und abwertend, dürften aber wohl einen wahren, biologischen Kern haben.

Wichtig bei all diesen Punkten ist immer, dass es sich nur um statistische Unterschiede handelt. Es ist ähnlich wie bei der Körpergröße: Im Durchschnitt sind Männer größer, dennoch gibt es viele Frauen, die größer sind als beispielsweise der Durchschnittsmann.

Anfälligkeit für psychische Krankheiten

Auch in diesem Bereich gibt es deutliche Unterschiede. Frauen haben eine höhere Neigung zu Depressionen, Angst- und Essstörungen. Dissoziale Störungen und Drogenmissbrauch gibt es dafür mehr bei Männern. Hyperaktivität und Autismus sind schon im Alter von zwei Jahren bei Jungen häufiger als bei Mädchen (ca. Faktor 3), auch dieser Unterschied kann also als angeboren angenommen werden. Schon mit zwei Jahren sind Jungen unaufmerksamer (36 % versus 16 %), impulsiver (17 % versus 5 %) und hyperaktiver (29 % versus 15 %) als Mädchen. ADHS wird zu 80 Prozent als genetisch vererbt angenommen.[7]

Emotionen

Frauen haben eine erheblich größere Neigung zu Angst und Ekel und leiden deshalb viel häufiger unter diesbezüglichen Störungen wie Tierphobien (ca. Faktor 4) und Angststörungen (ca. Faktor 2) oder posttraumatischen Belastungsstörungen (ca. Faktor 2).[8] Auch der Umgang mit Emotionen ist geschlechtsspezifisch, bei Jungen nimmt beispielsweise die emotionale Reaktion auf schockierende Bilder schneller ab als bei Mädchen, sie stumpfen schneller ab. Zudem ergaben verschiedene Studien, dass Frauen eine markantere emotionale Mimik aufweisen, das Pokerface also eher männlich ist[9], und dass Frauen sich an emotionale Ereignisse besser erinnern können[10]. Auch aufgrund der bereits bei Kleinkindern sichtbaren Unterschiede schreibt Anne Schienle dazu: „Übereinstimmung besteht bei allen Theorien darin, dass eine evolutionsbiologische Herkunft von Emotionen und deren Verankerung in spezifischen Strukturen bzw. Netzwerken im Gehirn angenommen wird."

Studien mit Neuroimaging (bildgebenden Verfahren) deuten auf unterschiedliche Mechanismen und beteiligte Gehirnbereiche bei Männern und Frauen hin.

Einfluss von Sexualhormonen auf die Mentalität

Ein Bereich, der im Zusammenhang mit der Genderdiskussion wichtig ist und in der Diskussion oft ignoriert wird, hängt ebenfalls mit den Emotionen zusammen und betrifft die „Grundstimmung" von Männern und Frauen. Diese wird ganz entscheidend von Sexualhormonen beeinflusst. Besonders Testosteron ist bei Männern in viel höheren Dosen vorhanden als bei Frauen. Testosteron steuert nicht nur die Ausbildung der männlichen Geschlechtsorgane und die Maskulinisierung des Gehirns beim Fötus, sondern spielt auch nach der Geburt eine wichtige Rolle: Es fördert das Entstehen des Geschlechtstriebs (Libido) und erhöht diesen bei Männern und Frauen, gleichzeitig macht es Männer auch aggressiver, kompetitiver und risikofreudiger.[11] Zusätzlich verringert Testosteron die soziale Sensibilität, erhöht die Belohnungsmotivation[12] und fördert egozentrische Entscheidungen bei gleichzeitiger Verringerung der kognitiven Empathie.[13] Im Geschäftsleben hat es zusätzliche illustre Nebenwirkungen: Es fördert aggressiveres Verhandlungsverhalten[14] und erhöht die Neigung zu Bilanztricksereien.[15]

Bei Mädchen, die aufgrund des genetischen Defektes CAH (Congenital Adrenal Hyperplasia) während der Entwicklung im Mutterleib überdurchschnittlich viel Testosteron bildeten, wurde nachgewiesen, dass sie nach der Geburt weniger Augenkontakt halten, eine langsamere Sprachentwicklung haben und „jungenähnlicher" spielen als Mädchen ohne diesen Defekt.[16] Ebenso gibt es einen Defekt bei Jungen, bei denen das

Testosteron zwar gebildet wird, die aber zu wenige Rezeptoren dafür haben – sie sind wiederum auffällig „mädchenhaft".

Bei Frauen bewirkt das Hormon Oxytocin, dass Emotionen besser interpretiert werden können und Bindungsprozesse gestärkt werden. Prolaktin, das während der Schwangerschaft, beim Stillen und bei der Kinderpflege ausgeschüttet wird, wirkt sich positiv auf das Sozialverhalten aus.

Wie stark der Einfluss der Sexualhormone auf das Wesen von Säugetieren ist, weiß jeder Pferde- oder Hundebesitzer: Ein Hengst und ein Wallach unterscheiden sich nicht nur in der Fortpflanzungsfähigkeit, sondern in ihrem ganzen Wesen. Ein Wallach ist vom Temperament her ruhiger und weniger aggressiv als ein Hengst. Ähnlich sind die Veränderungen, die eine Kastration bei einem Hunderüden bewirkt. Die Ursache: Testosteron, das hauptsächlich in den Hoden gebildet wird. Und das wirkt bei einem Homo-sapiens-Männchen nicht anders als bei einem Hengst, einem Rüden oder anderen männlichen Säugetieren.

Die Diskussion über männliche und weibliche Eigenschaften, Fähigkeiten und Vorlieben wird immer wieder emotional aufgeheizt und unsachlich geführt. Das liegt vor allem daran, dass wir dazu neigen, diese Eigenschaften mit Wertungen zu versehen. In einer Epoche, in der technische Entwicklungen sehr geschätzt werden, scheint eine höhere Kompetenz im räumlichen Denken wertvoller zu sein als sprachliche oder empathische Begabungen. Wenn wir uns allerdings von zeitgeistigen Wertungen frei machen, können wir leichter annehmen, dass Männer und Frauen nicht gleich sind, dass das aber nichts mit ihrem Wert oder ihren Rechten in unserer Gesellschaft zu tun hat. Das war vielleicht auch die Botschaft, die Astrid Lindgren uns durch die sympathische Pippilotta Rollgardina Viktualia Langstrumpf ausrichten lassen wollte: dass der Wert eines Menschen nichts damit zu tun hat, ob er besser plutimizieren oder lesen oder Pferde durchs Wohnzimmer tragen kann.

Missverständnisse in der klassischen „Unterschieds-Diskussion"

In der Diskussion über die Unterschiede zwischen Mann und Frau geistern immer wieder die gleichen Missverständnisse herum, hier seien daher die wichtigsten kurz dargestellt:

Durchschnittswerte und eigenes Erleben

Wir sprechen bei der klassischen Mann-Frau-Diskussion eigentlich immer von Durchschnittswerten. Nun ist es aber so, dass es einen gewissen Prozentsatz „männlich" tickender Frauen und „weiblich" tickender Männer gibt. Diese bewirken jeweils eine Verringerung dieser Durchschnittswerte. Das heißt, dass die große Mehrheit eher noch größere Unterschiede erlebt, als es diese Durchschnittswerte erwarten lassen, während eine Minderheit die viel diskutierten Unterschiede gar nicht nachvollziehen kann, weil sie bei ihren Mitgliedern ja auch nicht vorhanden sind. Mit anderen Worten: Wenn sie sich als Leserin oder Leser in diesen Tatsachen persönlich nicht wiederfinden, spricht das nicht gegen diese Tatsachen, sondern dann sind Sie wahrscheinlich eine eher männliche Frau oder ein eher weiblicher Mann.

Der Unterschied ist klein, daher nicht der Rede wert

Wir sprechen von einer Summe von vielen kleinen Unterschieden plus den großen Unterschieden, die durch die Sexualhormone bewirkt werden, was insgesamt zu deutlich verschiedenen Mustern führt. Dazu Arthur P. Arnold, Gehirnforscher und Herausgeber der Zeitschrift „Biology of Sex Differences":

„Wenn der Geschlechtsunterschied in der Expression eines Einzelgens gering ist (9 %), liegt eine starke Überlappung in der Expression dieses Gens in männlichen und weiblichen Lebewesen vor. Wenn man jedoch eine große Zahl von Genen gleichzeitig misst, unterscheidet sich das männliche Expressionsmuster vieler Gene deutlich von dem weiblichen – hier gibt es keine Überlappung zwischen männlichen und weiblichen Lebewesen."[17]

Die Genetik gibt sehr aufschlussreiche Zahlen: Männer unterscheiden sich genetisch untereinander nur in 0,1 Prozent der Gene, Frauen unterscheiden sich ebenfalls untereinander in 0,1 Prozent der Gene. Also sämtliche Eigenschaften, in denen sich zwei Frauen oder zwei Männer unterscheiden können, wie Augenfarbe, Haarfarbe, einige Krankheitsdispositionen, teilweise auch Intelligenz und Charaktereigenschaften, werden in 0,1 Prozent der Gene codiert. Die restlichen 99,9 Prozent der genetischen Ausstattung von zwei Frauen oder zwei Männern sind ident. Der Anteil der unterschiedlichen Gene zwischen Männern und Frauen dagegen beträgt 1,1 Prozent, das ist elfmal so viel. Und der genetische Unterschied zwischen einem männlichen Homo sapiens und einem männlichen Schimpansen liegt bei 1,5 Prozent.[18] Das heißt, der genetische Unterschied zwischen Mann und Frau ist gar nicht so weit entfernt von dem Unterschied zwischen Mann und männlichem Schimpansen. Hier täuschen allerdings die diesbezüglichen Witze, die dem männlichen Geschlecht eine besonders große Nähe zum Affen attestieren: Die Frau ist genetisch betrachtet nämlich gleich nah an der Schimpansin angesiedelt.

Wieder befinden wir uns im Reich der Klischees und der Herrenwitze. Was bei den Klischees über weibliche und männliche Kommunikation bei aller Plattheit auffällt, ist, dass sie kulturübergreifend sind. Unabhängig vom Entwicklungsstand einer Kultur und der geografischen Lage müssen sich Frauen mehr oder weniger geistreiche Witze über Verbalinkontinenz, Sprechdurchfall und Ähnliches anhören. Rein evolutionsbiologisch daher ein klarer Fall: Das hat – Korrektheit hin oder her – einen angeborenen Einflussfaktor.

Es gibt nur wenige belastbare Daten zum Kommunikationsvolumen von Männern und Frauen. Die Zahlen variieren stark, von 20.000 Wörtern täglich bei Frauen zu 7.000 männlichen Wörtern bei der Neuropsychiaterin Louann Brizendine[19] bis zu 8.805 weiblichen und 6.073 männlichen Wörtern täglich beim Linguisten Mark Liberman. Letztere sagen aus, dass Frauen 25 Prozent mehr sprechen als Männer. Auch Daten vom privaten Telefoniervolumen bestätigen im Wesentlichen die Zahl von Liberman. Die im Bereich der Genderideologie gern zitierte Studie von Matthias Mehl aus dem Jahr 2007 ist zwar politisch sehr korrekt, dafür aber wissenschaftlich nicht besonders aussagekräftig (siehe Kapitel „Ich denke, also bin ich – rationales Denken").

Frauen sprechen nicht nur mehr, sie lesen auch mehr: 75 Prozent der Bücher in Deutschland werden von Frauen gekauft, und auch die restlichen 25 Prozent sind nicht selten Bücher, die zwar von Männern gekauft werden, aber nur, um sie Frauen zu schenken.[20]

Frauen sprechen und lesen also im Durchschnitt mehr als Männer. Und: Sie kommunizieren anders, mehr beziehungs- und empathieorientiert, während männliche Gesprächsbeiträge sachorientierter sind und mehr Zahlen und Fakten beinhalten. Dazu kommt noch die ausgeprägtere Fähigkeit von Frauen, was das Senden und Empfangen von Mimik-Signalen und Körpersprache angeht. Frauen kommunizieren also wirklich sowohl verbal als auch nonverbal mehr und inhaltlich anders als Männer.

Jäger und Krieger im 21. Jahrhdundert

Für junge Männer in modernen Industriegesellschaften sind Jagd und Krieg kaum noch ein Teil des Alltags. Was machen sie daher? Sie suchen sich Ersatzbefriedigungen. Diese müssen das räumlich dreidimensionale Denken fordern, sollten Laufen, wohldosierte Brutalität, irgendeine Art von Schießen sowie die Dramatik von Sieg und Niederlage beinhalten.

Woher rührt diese unglaubliche Liebe so vieler Männer zu Mannschaftssportarten – jeweils elf Männer, die gegeneinander antreten, und am Ende kann nur eine Mannschaft gewinnen und bekommt neben Ruhm und Ansehen eine Beute? Die Parallelen zu Kämpfen zwischen verfeindeten Jäger- und Sammlergruppen sind unübersehbar, selbst die Anzahl der Teilnehmer ist in der gleichen Größenordnung. Interessant ist auch, dass gerade Sportarten mit einer gewissen Brutalität besonders beliebt sind und entsprechend emotionale Reaktionen bei Fans hervorrufen. Ich habe noch nie erlebt, dass z. B. bei einem Volleyballspiel oder beim Tischtennis auch nur annähernd so starke Emotionen wachgerufen werden wie bei einem Fußballspiel oder beim American Football.

Auch die Anreizsysteme für die Sportler unterscheiden sich nicht grundlegend von denen kriegführender Steinzeitjäger: immaterieller Ruhm, hoher Sozialstatus, Beute (in Form von Geld) und nicht zuletzt die Gunst von attraktiven Vertreterinnen des anderen Geschlechts.

Die moderne Sammlerin und Heilerin

Für Männer ist es immer wieder erstaunlich, dass viele Frauen beim Shoppen entspannen können. Für die meisten Männer gibt es fast nichts Anstrengenderes.

Für mich ist es auch immer wieder magisch, was für ein unglaubliches Gedächtnis meine Frau dafür hat, wo welche Sachen herumliegen. Oft frage ich sie, wo meine Hausschuhe sind – und sie weiß es. Sie weiß nicht nur, wo ihre Sachen sind, sondern auch, wo meine sind und auch die der Kinder. Wenn ich mit Freunden rede, berichten diese oft Ähnliches.

Bei fast all meinen Bekannten ist die Frau auch fürs Heilen zuständig und verwaltet die Hausapotheke, verteilt Pflaster und ist nicht selten eine kleine Hobby-Homöopathin oder Bachblüten-Heilerin. Wenn Kinder sich verletzen und beide Elternteile in der Nähe sind, laufen sie eher zur Mama als zum Papa, selbst wenn die Mama weiter weg ist. Sie ist empathischer und hat in ihrer Handtasche vielleicht auch ein Pflaster mit Enten darauf.

No risk, no fun – Evolutionsbiologie und Lebensstrategien

Was Risiken betrifft, sind wir eine merkwürdig schizophrene Gesellschaft. Wir sind im beruflichen, aber auch im privaten Umfeld risikoscheu und geradezu überängstlich. In einem typischen österreichischen Betrieb darf ich beispielsweise als studierter Chemiker offiziell nicht eine Literflasche Ethanol (also Spiritus) von einem Labor in einen anderen Raum oder zur Entsorgungsstelle tragen. Mein Chemiestudium reicht als Befähigungsnachweis dafür nicht aus, ich bräuchte eine Zusatzqualifikation zum Gefahrgutbeauftragten.

Auf der anderen Seite riskieren viele Zeitgenossen mit Begeisterung ihr Leben bei riskanten Freizeitsportarten wie Base-Jumping, Downhill-Radfahren, Paragliden, Motorradfahren oder Autofahren mit überhöhter Geschwindigkeit. Getreu dem Jäger-Sammler-Schema ist es klar, dass diese Aktivitäten hauptsächlich von Männern betrieben werden, wobei besonders zwischen 15 und 30 Jahren die Risiken häufig unterschätzt werden, oft mit schweren oder tödlichen Unfällen als Folgen. Bei diesen riskanten Aktivitäten werden rauschartige Zustände erlebt, die Natur spendiert da einen feinen Cocktail aus Adrenalin und noch ein paar anderen netten Stoffen. Wieder ein biologischer Belohnungsmechanismus für unter Steinzeitbedingungen „erwünschtes" Verhalten.

Die Risikobereitschaft des männlichen Geschlechts betrifft aber nicht nur den sportlichen Bereich: Männer sind auch anfälliger für das Glücksspiel – 80 Prozent der Spielsüchtigen sind Männer[21] –, neigen zu riskanteren Geldanlageformen[22] und gründen rund siebenmal so oft riskante Start-up-Firmen wie Frauen.

Der Widerspruch zwischen der gesellschaftlich vermittelten Risikoscheu einerseits und der realen Bereitschaft zu extremen Risiken andererseits lässt sich am ehesten mit einem triebhaften Verlangen nach dem gewissen „Kick" erklären, also mit angeborenen Verhaltensantrieben.

Woran liegt nun diese männliche Lust am Risiko? Roy F. Baumeister erklärt sie in seinem Buch[23] sehr anschaulich mit der menschlichen Biologie. Dazu zunächst einmal eine Preisfrage: Wie viel Prozent der Vorfahren aller heute lebenden Menschen waren Männer, und wie viel Frauen? 50 zu 50? Nein, weit gefehlt. Von allen Menschen, die je lebten, haben nur etwa 30 Prozent der Männer heutige Nachfahren, aber 70 Prozent der Frauen. Wie ist das möglich? Weil in traditionellen Kulturen sich fast jede Frau fortpflanzt, aber nicht jeder Mann. Viele von ihnen sind in Kriegen gefallen, und außerdem waren die Frauen immer an den Gewinnern und Alphatieren interessiert.

Besonders in polygamen Epochen – und die meisten Kulturen waren polygam – konnten sich einzelne Männer geradezu massenhaft fortpflanzen, während andere leer ausgingen. Als Champion in dieser Disziplin gilt laut Berechnung von Genetikern der Herrscher der Mongolen im 12. und 13. Jahrhundert: Dschingis Khan soll heute rund 16 Millionen lebende Nachfahren haben![24] Wie man auch in Zeiten der Monogamie zu einer weit überdurchschnittlichen Fortpflanzung kommen kann, hat übrigens ein österreichischer Gynäkologe namens Berthold Wiesner herausgefunden: Er war ein Pionier der künstlichen Befruchtung und benutzte dabei ganz einfach auf illegale Art und Weise seinen eigenen Samen, um geschätzte 600 bis 1.000 Nachkommen zu zeugen.[25]

In der Evolution des Lebens gibt es nur eine Währung: die eigene Fortpflanzung. Was war in dieser Situation die einzig mögliche Strategie für den männlichen Homo sapiens? Auffallen, aus der Masse herausragen, sich interessant und attraktiv machen – und das um jeden Preis.

Männer haben also im Sinne der Evolution ein mehr als doppelt so großes Risiko, langfristig ohne Nachkommen zu bleiben, wie Frauen. Darum konkurrieren Männer untereinander in einem viel stärkeren Maße als Frauen. Männer müssen etwas riskieren, wenn sie Erfolg haben wollen. Das weibliche Sicherheitsdenken können sie sich nicht leisten. So kommt es, dass Männer ganz allgemein das extremere Geschlecht sind. Es gibt mehr männliche Entdecker und Erfinder, aber auch mehr Verbrecher und Obdachlose. Mehr Ministerpräsidenten und Vorstandsvorsitzende, aber auch mehr Junkies. Mehr Denkmäler von glorreichen Kriegshelden, aber auch mehr namenlose Gefallene, die irgendwo in einem Massengrab verscharrt wurden.

Die Evolutionsbiologie ist also ganz entschieden nicht genderkompatibel, auf eine raffinierte Art und Weise aber dennoch gleichberechtigt: Männer dürfen sich zwar in mehr Glanz und Glorie sonnen, auf der anderen Seite scheitern sie aber auch häufiger oder gehen bei einer ihrer riskanten Unternehmungen ganz einfach drauf. Dass man das Wort „Draufgängerin" so selten hört, hat einen realen Grund.

Die Geschlechterdebatte könnte daher deutlich entspannter geführt werden, wenn man den Blick nicht nur in die Glitzerwelt der Vorstandsetagen lenkt, sondern auch ins Obdachlosenheim, ins Gefängnis oder in die Suchtstatistik. Bei Obdachlosen liegt der Männeranteil zwischen 70 und 80 Prozent, in den Gefängnissen bei 94 Prozent und bei harten Drogen bei 67 Prozent und mehr.[26]

Gerade die High-Society-Droge Kokain wirft symbolhaft einen Blick auf das männliche Wesen. Kokain wird gern konsumiert, um die eigene Leistung und das eigene Auftreten in der Gesellschaft noch großartiger zu machen oder um Ängste wegzublasen. Das kann durchaus helfen, auf der Karriere- und Society-Leiter noch ein bisschen weiter nach oben zu klettern. Die Gefahr ist aber, dass die Droge die Oberhand gewinnt und den Betroffenen dann nicht nach oben pusht, sondern abstürzen lässt. Es ist kein Wunder, dass das risikofreudigere Geschlecht diese Gefahr eher in Kauf nimmt und damit häufiger beim „Who's who" landet, aber auch häufiger in der Entzugsklinik und im Obdachlosenheim. Alles oder nichts – eine typisch männliche Lebensdevise.

Vorlieben bei der Berufswahl – liegt es am Können oder am Wollen?

Im Genderdatenreport 2011 der Hans-Böckler-Stiftung werden als frauendominierte Berufsfelder (Frauenanteil über 70 Prozent) die personenbezogenen Dienstleistungsberufe, der Gesundheits-, Sozial- und Erziehungsbereich genannt.[27] Männlich dominierte Branchen sind dagegen die produzierende Industrie, der technische und der handwerkliche Bereich (Männeranteil über 70 Prozent).

Wenn man sich die einzelnen Berufsgruppen und deren Bevorzugung durch Männer oder Frauen anschaut, dann entspricht das Profil genau den Eigenschaften, die man aufgrund biologischer Unterschiede erwarten würde. Männer ziehen also Bereiche vor, die technisch sind und analytisches sowie strategisches Denken fordern, ein kompetitives Umfeld ist okay, Hierarchie und Aufstiegschancen sind wichtig, die Dramatik von Gewinnen und Verlieren ist ein wesentlicher Faktor, handwerkliche Berufe oder Berufe, in denen körperliche Gewaltanwendung vorkommen wie bei Militär oder Polizei, gehen in Ordnung. Auch schwere körperliche Arbeiten, meist verbunden mit hohem Verletzungsrisiko und körperlichen Abnützungserscheinungen, fallen eindeutig in den männlichen Bereich.

Frauen ziehen dagegen Berufe mit direktem menschlichem Kontakt, flachen Hierarchien, Sicherheit und gerne Tätigkeiten, die mit Erziehen, Feinhandwerk, Heilen und Helfen, Schönheit, Kommunikation, Kreativität oder Gestaltung zu tun haben, vor.

Im internationalen Vergleich fällt auf, dass ausgerechnet in Norwegen, einem der gleichberechtigsten Länder der Erde, Männer und Frauen zu einer sehr klassischen Berufswahl neigen, man spricht auch vom „norwegischen Gleichstellungsparadoxon".

Um diesem Phänomen auf den Grund zu gehen, hat die norwegische Soziologin Camilla Schreiner in einer Studie 15-Jährige aus 20 Ländern nach ihren Interessen befragt und herausgefunden, dass gerade in armen Ländern die Frauen ein besonders starkes Interesse an technischen Studien haben. Sie sehen darin eine Chance, der Armut zu entkommen, während sich Frauen in reichen Regionen, wie Skandinavien oder Mitteleuropa, den Luxus leisten, ihren Neigungen nachzugehen – also das zu tun, was sie gerne tun.

Frauen in wohlhabenden Ländern meiden technische Berufe also nicht, weil sie es nicht können oder weil sie dort von Männern verdrängt werden, sondern ganz einfach weil sie andere Dinge lieber tun.

Die unterschiedlichen kognitiven Fähigkeiten von Männern und Frauen sind nur in wenigen Bereichen gravierend. Diese Befähigungsunterschiede bewirken daher nur in hoch spezialisierten Berufen, bei denen einzelne Fähigkeiten besonders intensiv benötigt werden, eine starke Bevorzugung durch ein Geschlecht. Beispiele für solche Berufe sind Maschinenbauer oder Simultandolmetscher. Bei Generalistenberufen, bei denen es auf die Kombination mehrerer Fähigkeiten ankommt, gibt es kaum gravierende Eignungsunterschiede, sondern maximal eher männliche oder eher weibliche Stile. Ein männlicher Rechtsanwalt wird vielleicht konfrontativer im Stil sein, ein weiblicher dafür besser einen emphatischen Zugang zu Mandanten und Gegnern finden. Das Gleiche gilt für Führungsaufgaben, die ebenfalls hoch komplex sind und verschiedene Teilaufgaben beinhalten und bei denen man auch mit verschiedenen Stilen erfolgreich sein kann.

Bei all diesen generalistischen „Allrounder"-Berufen erscheint es sinnvoller, die Geschlechtervorlieben nicht auf Befähigungen zurückzuführen, sondern auf unterschiedliche Neigungen.[28, 29, 30]

100 Prozent Frauenquote in der Halbleiterindustrie

Einen kaum bekannten, aber aufschlussreichen Frauenberuf lernte ich in einer Mikrochip-Fabrik kennen. Mikrochips sind die zentralen Datenverarbeitungs- und Recheneinheiten in elektronischen Geräten wie z. B. Handys, Computern und Ähnlichem. Bei einer Firmenführung betraten wir einen Raum mit etwa 20 Mikroskopen, an denen ausschließlich Frauen hantierten: die optische Endkontrolle der Mikrochips. Die Mitarbeiterinnen schauen sich mikroskopisch kleine elektronische Bauelemente an, die ein bisschen wie eine Miniaturstadt mit vielen Straßen und kleinen Gebäuden ausschauen. Das Ziel: Fehler zu erkennen. Ob z. B. eine Straße ein totes Ende hat oder ein Gebäude schief steht. Auf meine Frage, warum da nur Frauen sitzen, meinte der Mann, der die Führung leitete, dass dieser Job sehr gut bezahlt werde und sich ständig Männer dafür bewerben würden. Aber: Frauen könnten das einfach viel besser und würden bei dieser Tätigkeit nicht so schnell ermüden. Biologisch betrachtet völlig klar. In der oft als frauenfeindlich bezeichneten Hightechbranche findet sich also ein gut bezahlter Job mit einer 100-Prozent-Quote für Frauen. Und wieder die Frage: Ist es realistisch, dass dieser offenbar reale Unterschied zwischen Männern und Frauen von einer patriarchalischen Gesellschaft anerzogen wurde?

Wahrscheinlicher ist die Annahme, dass es sich hier – wie oben beschrieben – um einen dieser hoch spezialisierten Jobs handelt, bei denen speziell weibliche kognitive Fähigkeiten – hier die Konzentrationsausdauer bei Feinarbeit – in Kombination mit einer guten Bezahlung den Ausschlag geben.

Man stelle sich einmal vor, jemand würde eine Aussage wie die oben beschriebene im Hinblick auf einen gut bezahlten typischen Männerberuf machen. Also sinngemäß: Diesen Job können Männer einfach viel besser und darum nehmen wir keine Frauen. Das wäre unerhört, die Gleichstellungsbeauftragte würde rotieren.

In der Wirtschaft regiert das Diktat des Geldes. Man versucht, das geeignetste Lebewesen zum geringstmöglichen Preis für einen Job zu finden, welchen Geschlechts auch immer. Man würde auch Affen oder geschlechtslose Marsmenschen einstellen, wenn diese verfügbar wären und ein besseres Preis-Leistungs-Verhältnis hätten.

Die Qual der Partnerwahl beim heutigen Homo sapiens

Auch im Bereich der Partnerwahl haben wir es mit der Doppelnatur des Menschen zu tun. Diese wird einerseits von einem genetisch bedingten Erbe gesteuert und gleichzeitig soziokulturell beeinflusst. Weitgehende Einigkeit besteht darin, dass es bei der Partnerwahl eine triebhafte Komponente gibt, die sich stark an körperlichen Merkmalen sowie an Körpersprache und Geruch orientiert und die biologisch determiniert ist. Dazu kommt dann noch eine vernunftgeleitete Komponente, die eher durch die Erziehung und Kultur beeinflussbar ist. Da geht es um die Bedeutung von Beruf, Sozialstatus, Bildung, passende Lebensplanung und dergleichen.

Bezüglich der triebhaften Kriterien der Partnerwahl hat sich seit der Steinzeit nicht viel geändert: Männer schauen immer noch auf jene Merkmale, die mit Gebärfähigkeit und Gesundheit zusammenhängen, also ein Taille-zu-Hüfte-Verhältnis von ca. 70 Prozent, glatte Haut, fließende Kurven und Rundungen an den richtigen Stellen. Frauen schauen immer noch auf die Körpergröße, eine sportliche Erscheinung und breite Schultern sowie auf Humor und selbstbewusstes Auftreten.

Beide Geschlechter bevorzugen möglichst durchschnittliche Gesichter ohne untypische Elemente wie eine übergroße Nase, ein sehr kleines Kinn oder besonders hervorstehende Wangenknochen und beide Geschlechter haben es lieber, wenn der Mann etwas älter ist. Diese Präferenzen sind kulturübergreifend, der Evolutionsbiologe David Buss von der Texas University hat bei einer vergleichenden Untersuchung auf sechs Kontinenten und in 37 Kulturen sehr ähnliche Tendenzen gefunden.[31] Zusätzlich werden symmetrische Gesichter und Körper als deutlich attraktiver bewertet als unsymmetrische. Bezüglich des Körpergeruchs ist bekannt, dass potenzielle Partner, die vom Immunsystem her gut passen, als angenehm riechend empfunden werden. Die Redewendung „jemanden riechen können" hat also eine reale biologische Grundlage. Und: Für Mann und Frau ist bei langfristigen Partnerschaften die Intelligenz ein wichtiges Kriterium – Paare haben überwiegend einen ähnlichen Intelligenzquotienten. All das lässt sich evolutionsbiologisch herleiten, auch die Neigung zu „Durchschnittsgesichtern" – sie lassen auf einen besonders ausgewogenen Genpool schließen.

Was noch auffällt, ist, dass es eine gewisse Diskrepanz zwischen den bewussten, in Fragebögen abfragbaren Kriterien gibt und den wirklichen Kriterien, die wohl zu einem guten Teil unbewusst wirken. In unserer Kultur ist es verpönt, als Frau anzugeben, dass man einen sozial hochgestellten oder gut verdienenden Mann bevorzugt. Das passt nicht zu den in unserer Epoche eher romantischen Vorstellungen über Liebe und Partnerwahl und erst recht nicht zu feministischen Ansichten. In der Praxis wird eine Neigung in Bezug auf beruflich erfolgreiche Exemplare dann aber doch an verschiedenen Stellen sichtbar, wenn man sich beispielsweise Society-Zeitschriften oder die Kriterien bei Partnervermittlungsseiten im Internet anschaut. Man merkt es indirekt auch bei den offiziell geäußerten korrekten Vorlieben: Da wird von Frauen sehr oft Humor als Wunschkriterium genannt. Humor ist aber wiederum ein Zeichen von Intelligenz und Sozialkompetenz. Und Intelligenz und Sozialkompetenz sind, zusammen mit den anderen Wunschkriterien „selbstbewusstes Auftreten“ und „Körpergröße“, zufällig die wichtigsten Voraussetzungen für beruflichen Erfolg. Ja, Sie haben richtig gelesen, zwischen Körpergröße und beruflichem Erfolg gibt es eine Korrelation. In den USA verdienen Männer pro 2,5 cm Körpergröße über der Durchschnittsgröße um 1.000 US-Dollar pro Jahr mehr.[32] Auch eine tiefe Stimme wirkt attraktiv auf Frauen[33] und wird gleichzeitig von Männern als Zeichen von Dominanz interpretiert[34], ist also auch für beruflichen Erfolg vorteilhaft. Also: Frauen schmelzen nach wie vor bei einem Mann dahin, der alle Eigenschaften eines neuzeitlichen „erfolgreichen Jägers“ mit sich bringt, und auch körperliche Stärke ist – obwohl für den Jagderfolg eigentlich nicht mehr notwendig – immer noch gefragt.

Wie wichtig die einzelnen Kriterien sind, kann man im Alltag sehr leicht daran erkennen, was für ein Aufwand zu ihrer Erreichung betrieben wird: Was Frauen an Zeit und Geld in Körperpflege, Kosmetik, Frisuren und Mode investieren und welche Leidensfähigkeit sie bei Diäten entwickeln, ist für Männer immer wieder beeindruckend. Umgekehrt trainieren Männer härter und versuchen, aus der Masse herauszuragen: durch beruflichen Erfolg, Spitzensport, virtuose Gitarrensoli oder Kriegsheldentum.

Auch andere gesellschaftliche Bereiche werfen Schlaglichter auf die unterschiedlichen Partnerwahlkriterien der Geschlechter: Ein männliches Attraktivitätsidol wie George Clooney kann grauhaarig und Mitte 50 oder gar älter sein und Falten haben, ein weibliches kann zwar auch Mitte 50 sein, aber nur wenn es aussieht wie Ende 20.

Interessant ist auch die Tatsache, dass die männliche Vorliebe für feminine Gesichter gerade in wohlhabenden Ländern deutlich größer und auch der männliche Testosteron-Level in diesen Ländern höher ist als in ärmeren Ländern mit einem schlechteren Gesundheitssystem.[35] Es wird hier angenommen, dass sich der männliche Homo sapiens in Zeiten des Überflusses eher den „Luxus" einer sehr femininen Frau leistet. Nach diesen Ergebnissen – und die Messung des Testosteron-Levels ist methodisch sehr gut abgesichert – stimmt die Gender-Theorie von der Gleichheit der Geschlechter gerade in den entwickelten Ländern, in denen sie propagiert wird, deutlich weniger als in ärmeren Ländern.

Feministinnen arbeiten seit Jahrzehnten daran, die Unterschiede bei den Kriterien zur Partnerwahl als rückständig zu brandmarken und deren Existenz so weit wie möglich wegzudiskutieren. Biologisch betrachtet haben sie dabei bei den triebhaften Komponenten keine begründeten Aussichten auf Erfolg.

Eine etwas andere Brille: Gleichheit aus Sicht des Innovationsmanagements

Beruflich beschäftige ich mich seit 18 Jahren mit technischen Innovationen. Was hat das mit Gleichberechtigung und Gleichheit zu tun? Ich finde: sehr viel. Gesellschaftliche Veränderungen laufen ähnlich ab wie die Einführung von neuen Produkten. Und letztlich ist ein Staat auch ein Gebilde, das am Ende des Tages wirtschaftlich positiv bilanzieren sollte.

Wenn ein Unternehmen ein neues Produkt am Markt einführt, das nicht nur eine Abwandlung eines bestehenden ist, sondern hochgradig innovativ, dann gilt immer das Motto: „No risk, no fun." Denn solche Produkte sind trotz aller Planung, trotz aller

Marktbefragungen im Vorfeld, trotz einer vielleicht genialen Idee und trotz aller Marketingbegleitmusik immer ein großes Risiko. Während der meist sehr teuren Entwicklungs- und Markteinführungsphasen werden daher regelmäßig Reviews abgehalten, um zu sehen, ob das Produkt noch auf Kurs ist, ob eine Korrektur notwendig ist – oder im Worst Case das ganze Projekt einfach gestrichen werden muss. Der Sinn der Reviews liegt in der Risikominimierung, denn ein Flop wird umso teurer, je später man bemerkt, dass es einer ist.

Wie würde ein Review in Sachen Gleichberechtigung und Gleichheit ausfallen? Bei der Gleich*berechtigung*: Einführung des Frauenwahlrechts, der rechtlichen Gleichstellung, des freien Berufszugangs (außerhalb der katholischen Kirche) – das Review würde ergeben: die richtigen Ideen zur richtigen Zeit auf den Markt gebracht, super Markteinführung, mutig und kämpferisch wurde der anfangs massive Widerstand des Mitbewerbes überwunden. Nach kürzester Zeit wurden die Vorteile der Innovationen deutlich erkennbar und die Akzeptanz erreichte innerhalb weniger Jahrzehnte nahezu 100 Prozent, ein überwältigender Erfolg. Nicht einmal extrem konservative Kreise würden die Gleichberechtigung wieder vom Markt nehmen wollen.

Aber wie sieht es mit dem Produkt Gleich*heit* aus? Seit mindestens fünf Jahrzehnten läuft eine gigantische Marketingmaschine. In Zeitungen, Zeitschriften, in der politischen Diskussion, in Schulen und an Universitäten wird uns die Gleichheit gepredigt – und was machen die Kunden? Nach bescheidenen Anfangserfolgen geht die Kundschaft seit rund 20 Jahren zurück zum Mitbewerber, der da heißt „Verschiedenheit“. Übrig bleibt ein kleiner harter Kern von vielleicht zwei Prozent, der dem Produkt „Gleichheit“ die Treue hält.[36]

Und sonst? In den Kinderzimmern gibt es wieder rosa Glitzerkitsch bei den Mädchen und die blauen Actionkampfroboter für die Jungs. Bei den Familien ist „Retraditionalisierung“ und „neues Biedermeier“ angesagt, und auch im Fernsehen: Eine Supermodelshow nach der anderen, bei der die Mädchen nicht nur äußerlich sämtliche Klischees bis über die Schmerzgrenze ausreizen, sondern auch mit reichlich Tränen und Zickenkrieg begeistern. Und wenn die Supermodelgirlies Pause haben, wird der totgesagte klassische Tanz mit klar definierten Geschlechterrollen zum Show-Event des Jahres, nur noch geschlagen von der Fußball-WM oder -EM, bei der die Spielerfrauen auch nicht gerade gendergerecht von der Tribüne ihren Männern zujubeln, um ihren total verschwitzten Helden anschließend mit dem supersüßen Säugling auf dem Arm ein ebensolches Siegerbussi aufzudrücken. Nein, der Markt hat das Produkt „Gleichheit“ nicht so richtig angenommen.

Wenn ich als Produktmanager nach fünf Jahrzehnten und einer absolut gigantischen Multi-Channel-Marketingkampagne nur einen mikroskopischen Marktanteil gegenüber einem Mitbewerber vorweisen könnte, den es offiziell eigentlich gar nicht geben darf, und wenn dieser Marktanteil auch noch im Sinken begriffen wäre und wenn ich in dieser Situation der Geschäftsführung eine Verlängerung der Marketingkampagne als einzig sinnvolle Maßnahme vorschlagen würde, kombiniert mit einer Beschimpfung der Kundschaft als rückständig und minderintelligent, und wenn … nein, hier reicht meine Fantasie einfach nicht mehr aus. In einem gut geführten Unternehmen wäre man bei einem Review schon vor mindestens 10 Jahren zu dem Entschluss gekommen, dass das Produkt „Gleichheit“ ganz einfach nicht angenommen wird, und dass jeder weitere Euro für dieses Produkt ein verschwendeter Euro ist.

Unter Heiligen

Glänzende Perspektiven

In meiner Jugend im Hamburg der späten 1980er-Jahre, als der Geschlechterkampf noch ein heißer war, war ich in der Umweltbewegung aktiv. Dort, also in einem eher linken, alternativ angehauchten Milieu, war die reine feministische Lehre weit verbreitet: An allem Übel der Welt waren die Männer schuld. Egal ob Krieg, Turbokapitalismus, Umweltverschmutzung, familiärer Missbrauch, Gewalt, Kriminalität oder Danebenpinkeln – an der männlichen Erbsünde krankte diese Welt.

Die Frauen ihrerseits waren folgerichtig an allem Übel unschuldig, also: alles Heilige. Sollte ich in Zukunft einmal eine fixe Partnerin haben, würde ich mein Leben also mit einer echten Heiligen teilen. Halleluja, das waren ja großartige Aussichten! Und da Heilige ja auch Weltmeister im Vergeben sind, würde sie mit meiner Sündhaftigkeit bestens klarkommen. Ja, ich würde ihr sogar Gelegenheit geben, ihre Heiligkeit so richtig auszuleben, denn was macht eine Heilige, wenn es keine ihrer bedürftigen Sünder gibt? – Die wäre ja quasi arbeitslos. Ich realisierte zunehmend, wie schön die Welt wirklich ist: bevölkert von rund 3,7 Milliarden Heiligen. Dagegen ist die Ausstattung der katholischen Kirche geradezu armselig. Eindrucksvoll auch der so einfache und unbürokratische Prozess der Heiligsprechung: Die Frauen erklärten sich einfach kollektiv selbst für heilig. Klingt auch vernünftig: Heilige sollten doch selbst am besten erkennen können, wer heilig ist und wer nicht.

Auch dem Berufsleben blickte ich voller Vorfreude entgegen. Als Mann würde ich ja fast automatisch eine steile Karriere machen. Und sollten die Feministinnen ihr Ziel erreichen und wirklich Frauen an die Macht bringen – wer weiß, vielleicht sogar ins deutsche Kanzleramt? –, erwartete mich auch in diesem Fall eine goldene Zukunft. Zwar müsste ich dann bei der eigenen Karriere wohl ein paar Abstriche machen, aber dafür würde aufgrund der sagenhaften weiblichen Soft Skills ein Zeitalter des Friedens, der Harmonie und des Wohlstandes für alle anbrechen. Privat und beruflich sah ich also eine durch und durch rosarot schimmernde Zukunft auf mich zukommen. Herrlich. Oder sagen wir doch besser: Wunderbar.

Weniger glänzende Realitäten

Auf den ersten Blick klingt die Theorie von der männlichen Sündigkeit nicht ganz abwegig. Tatsächlich sind Männer im Durchschnitt macht- und wohl auch sexgieriger. Auch verursacht die von Männern ausgehende Gewalttätigkeit immer wieder schweres Leid, das soll hier nicht verharmlost werden. Aber sind deswegen Männer als Kollektiv wirklich moralisch schlechtere Wesen als Frauen? Ich glaube, dass diese Behauptung einer nüchternen und sachlichen Prüfung nicht standhält.

Männer greifen häufiger zu körperlicher Gewalt, weil sie instinktiv wissen, dass sie in puncto seelischer Grausamkeit den sozial raffinierteren und sprachmächtigeren Frauen unterlegen sind. Frauen wiederum tendieren eher zur seelischen Grausamkeit, weil sie hier im Vorteil sind. Die männliche Gewalt ist eher primitiv, brachial – die weibliche Form raffinierter, subtiler und häufig unterschwellig über einen langen Zeitraum wirkend. Die Resultate seelischer Grausamkeit sind weniger offensichtlich und fallen bei oberflächlicher ärztlicher Kontrolle nicht auf, sie können jedoch lange und schmerzhaft wirksam bleiben.

Die angebliche moralische Überlegenheit der Frauen resultiert zu einem großen Teil daraus, dass körperliche Gewalt klarer definierbar, untersuchbar und wissenschaftlich beschreibbar ist. Eine Ohrfeige ist eine Ohrfeige. Da gibt es kaum Interpretationsspielraum. Seelische Grausamkeit dagegen ist viel subtiler, schlecht definier- und wissenschaftlich untersuchbar. Wo fängt sie an und wo hört sie auf?

Das führt auch in der öffentlichen Diskussion zu einer gewissen Beliebigkeit: Feministinnen können selbstverständlich den weiblichen Opfermythos mit Studien belegen, die sich auf die rein körperliche Gewalt innerhalb von Familien beschränken. Andere Studien, die auch seelische Formen der Gewaltausübung und außerfamiliäre Situationen berücksichtigen, kommen zu dem Ergebnis, dass Männer in ziemlich gleichem Ausmaß zu Opfern von Gewalt werden und dass Frauen in einem ebensolchen Ausmaß zu Täterinnen werden.[37] Wirklich verlässliche und genaue Zahlen werden aber wohl nie auf dem Tisch liegen, weil die Dunkelziffer sehr hoch ist – und stark vom Geschlecht abhängt: Gerade die Gewalttätigkeit der Frauen wird systematisch unterschätzt, weil Männer es nicht gern zugeben, wenn sie von ihrer Partnerin verprügelt werden.

Auffällig ist auch, dass die Beurteilung der niedrigeren Gewalthemmschwelle des Mannes sehr von der Situation abhängt. Wenn ich abends mit meiner Frau durch die Stadt spaziere und ein paar zwielichtige Gestalten auf uns zukommen, ist sie heilfroh, dass ich als Mann auch gewalttätig sein kann. Und als während des Jugoslawienkonfliktes 1991 serbische Soldaten im Zuge von Kampfhandlungen die Grenze nach Österreich überschritten hatten, waren wir in der Steiermark froh darüber, dass österreichische Soldaten mit einer ausreichend glaubwürdigen Bereitschaft und Fähigkeit zur Gewalttätigkeit die Grenze sicherten. Auch bei der Polizei gehören die Bereitschaft und die Fähigkeit zur körperlichen Gewaltausübung zum Berufsprofil. Gleichzeitig wird Männern gesagt, dass sie aufgrund ihrer höheren Gewaltbereitschaft die schlechteren Menschen seien. Wenn es ernst wird, sollen sie aber ihren Kopf hinhalten. Mit anderen Worten: Die feministisch indoktrinierte Gesellschaft und ihre Medienlandschaft gehen schizophren mit Männern und ihren Eigenschaften um.

Tatsache ist: In der gesamten Menschheitsgeschichte mussten sowohl dauerhafter Wohlstand als auch Freiheit und Demokratie immer durch die männliche Bereitschaft zur organisierten Brutalität abgesichert werden. Das gilt auch für unsere heutige Situation: Ohne die Präsenz zahlreicher gewaltbereiter amerikanischer Soldaten wären Deutschland und Österreich nach dem Zweiten Weltkrieg mit ziemlicher Sicherheit dem Ostblock einverleibt worden.

Im Übrigen kann man aus biologischer Sicht mit Sicherheit sagen, dass die Menschheit das Abenteuer Evolution nur deswegen bis heute überlebt hat, weil Männer und Frauen genau so sind, wie sie sind. Mit anderen Worten: Wenn Männer sanftmütiger wären, würden die Frauen, die uns Männer heute moralisierend verurteilen, gar nicht existieren, weil dann wahrscheinlich nicht das Mammut und der Säbelzahntiger ausgestorben wären, sondern der Homo sapiens.

Der Gender Pay Gap

Der sogenannte „Gender Pay Gap“ beschreibt die Tatsache, dass Frauen im statistischen Mittel einen geringeren Stundenlohn erzielen als Männer. Dieser Unterschied betrug 2014 in Deutschland 22,4 Prozent und in Österreich 23,4 Prozent, womit beide Länder über dem EU-Durchschnitt von 16,4 Prozent liegen. Werden Frauen in der Berufswelt also wirklich systematisch benachteiligt?

Frauen dominieren in den Personalabteilungen

Zunächst einmal ist es eine interessante Tatsache, dass im Bereich Personalwesen, auch Human Resources (HR) genannt, in der Mehrzahl Frauen tätig sind. Ich konnte zwar keine statistischen Daten dazu finden, dafür aber eine große Anzahl von Artikeln, die meine persönlichen Erfahrungen über die weibliche Dominanz in diesem Bereich bestätigen.

Bei Bewerbungsgesprächen sind natürlich meistens auch die jeweiligen Vorgesetzten dabei, dennoch sind die HR-Leute hier die Experten und haben großen Einfluss auf die Verhandlungen und auch auf das Gehaltsgefüge einer Firma. Das ist schließlich ihr Job.

Das ist doch als Einstieg in die Thematik schon mal ein interessanter Aspekt: Bei der angeblichen Benachteiligung der Frauen sind federführend nicht die üblichen Verdächtigen am Werk, sondern – Frauen. Wieder scheint die Geschichte einen Hang zur feinen Ironie zu haben. Durch den Erfolg der feministischen Ideologie werden ihre eigenen Mythen entzaubert. Und die Ironie wird noch etwas ironischer, wenn man sich die Ergebnisse der israelischen Forscher Bradley Ruffle und Ze'ev Shtudiner aus dem Jahre 2012 anschaut: Sie fanden heraus, dass besonders attraktive weibliche Bewerberinnen weniger oft eine Einladung zu einem Vorstellungsgespräch bekommen als durchschnittlich attraktive Konkurrentinnen – die HR-Damen wollen keine weibliche Konkurrenz im eigenen Betrieb aufbauen. Attraktive Männer wiederum wurden doppelt so oft eingeladen wie Durchschnittstypen.

Haben Sie Lust auf MINT?

Wenn Sie eine Frau sind, werden Sie mit 80 Prozent Wahrscheinlichkeit diese Frage mit „Nein" beantworten. Denn hier ist nicht die Rede von einem Pfefferminzdrop, sondern von einem Studium in den Bereichen Mathematik, Informatik, Naturwissenschaft oder Technik. Das sind die Studiengänge, deren Abschlüsse dem Absolventen den Zugang zu tendenziell hoch bezahlten Berufsfeldern ermöglichen. Ein Maschinenbauer oder Programmierer verdient nun mal meist besser als eine Kunstgeschichteabsolventin oder eine Pädagogin. In Deutschland liegt der Frauenanteil bei den MINT-Fächern bei nur 20,5 Prozent.[38] Auch im nicht akademischen Bereich sieht es ähnlich aus: Maurer und Elektriker verdienen meist mehr als Verkäuferinnen oder Friseurinnen. Bei der Berechnung des Gender Pay Gap wird nun einfach über Männer und Frauen der mittlere Stundenlohn erfasst, unabhängig von dem Berufsfeld, in dem sich diese bewegen. Das bedeutet, dass der so oft beklagte Pay Gap zu einem Großteil schlicht und einfach die Folge einer bewussten und freien Entscheidung der Frauen bzw. Männer ist. Dabei kann man davon ausgehen, dass junge Frauen, die sich für ein Germanistikstudium oder eine Friseurinnenlehre entscheiden, durchaus wissen, dass sie damit mit hoher Wahrscheinlichkeit nie zu den Spitzenverdienerinnen gehören werden.

Auch Umfragen bezüglich der Prioritäten bei der Arbeitsplatzsuche kommen zu dem Ergebnis, dass der Verdienst Männern ganz einfach wichtiger ist als Frauen und Frauen eher nach Sinnerfüllung und Sicherheit suchen: Bei einer Forsa-Umfrage unter 1.000 deutschen Berufstätigen mit Fach- oder Hochschulabschluss (2014) war das wichtigste Kriterium bei der Arbeitsplatzsuche für die Männer das Einkommen (49 Prozent) und für die Frauen die Sinnerfüllung (51 Prozent). Nur 36 Prozent der Männer gaben Sinnerfüllung als Hauptkriterium an. Ähnliches sagt auch die Bain-Studie von 2016 aus, bei der 37 Prozent der Studenten, aber nur 23 Prozent der Studentinnen finanziellen Wohlstand als wichtigstes Ziel angaben.[39] Trotz längerer Recherche habe ich nur Umfragen gefunden, in denen dieser Trend bestätigt wird, mit stark schwankenden Prozentzahlen, je nach befragter Gruppe und genauer Fragestellung.

Aufgedeckt: Männerbranchen im Privilegienrausch

Darf ich vorstellen: Erich Hofbauer. Er ist gekommen, um sich Steinplatten bei uns abzuholen. Beim Verladen muss ich ihm leider mitteilen, dass meine Bandscheiben etwas angeknackst sind und ich ihm deshalb nicht helfen kann. Kein Problem, seine Bandscheiben seien auch hin, erklärt er mir, aber diese Steinplatten seien ja schließlich kein Gewicht. Früher habe er im Seilbahnbau gearbeitet und 140 kg schwere Stahlträger über die Baustellen geschleppt. Meistens im Gebirge, schweres Gelände, bei fast jedem Wetter. Er sei halt jung gewesen und habe sich über so etwas wie Bandscheiben keine Gedanken gemacht. Das hat sich geändert. Jetzt habe er permanente Schmerzen. Auch die meisten anderen Handwerker in meinem Bekanntenkreis haben schon viel erlebt: Stephan beispielsweise, der Dachdecker, ist mal vom Spitzdach abgestürzt, hatte Glück und ist mit dem Rücken auf einem Sandhaufen gelandet. Und Fritz, der Forstarbeiter, hat sich bereits einen ganzen Finger und einen halben Zeh abgesägt.

Was haben diese Geschichten gemeinsam? Sie kommen aus dem Bereich der typischen Männerberufe. Und ein Merkmal von typischen Männerberufen ist, dass sie oft körperliche Schwerstarbeit beinhalten und in vielen Fällen auch gefährlich sind: Bei über 97 Prozent der tödlichen Berufsunfälle sterben Männer, das heißt konkret, dass pro Jahr in Deutschland 285 Männer und 7 Frauen bei Berufsunfällen ihr Leben lassen.[40] Bau- oder Forstarbeiter, Soldaten in Krisengebieten, Kriegsberichterstatter und andere gefährliche Berufe: Männersache. Wie in der Steinzeit. Wenn man mit Stahlträgern auf der Schulter über Baustellen marschiert, kann schon mal etwas schiefgehen. Wenn diese Berufe nicht gut bezahlt werden würden, würde sie keiner machen. Der Ruf nach einer Frauenquote ist bei lebensgefährlichen Jobs – aller Liebe zur Gendergleichheit zum Trotz – auch noch nicht gehört worden.

Ein weiterer Grund für die bessere Bezahlung typisch männlicher Berufsfelder ist, dass Männer eher zu sachbezogenen Tätigkeiten neigen und Frauen eher zu beziehungsbezogenen. Unsere Epoche ist aber nun mal ausgesprochen materialistisch geprägt – wir sind bereit, ganz erstaunlich viel Geld für schicke Autos, das neueste Smartphone oder das gefinkeltste Finanzderivat auszugeben. Wenn aber der Friseur um die Ecke etwas teurer wird oder der Supermarkt 10 Cent mehr für den Liter Milch verlangt, weil er seine Verkäuferinnen besser bezahlen will, dann gehen wir sofort woanders einkaufen oder lassen uns die Haare von jemand anderem schneiden. Diese materialistische Grundtendenz wird von Frauen und Männern gemeinsam getragen. Ob diese langfristig wirklich vorteilhaft ist, ist eine andere Frage.

Warum der Gehaltspoker kein Gehaltscanasta ist

Schauen wir uns eine Gehaltsverhandlung mal durch die biologische Brille an. Bei den meisten höher entwickelten Tierarten und natürlich auch beim Homo sapiens ist das erfolgreiche Abschneiden in Bewerbungssituationen für den Erfolg der männlichen Fortpflanzung entscheidend. Männchen bewerben sich bei Weibchen um deren Gunst und diese wird ihnen dann gewährt, oder eben auch nicht. Wenn es daher etwas gibt, was nicht nur Homo-sapiens-Männchen, sondern fast alle männlichen Tiere wirklich gut können, dann ist es, in einer Bewerbungssituation Eindruck zu schinden, in der Biologie auch Balzen genannt. Böse Zungen sprechen von Angeberei.

Natürlich ist offen erkennbare Angeberei auch in einem Bewerbungsgespräch nicht förderlich. Die hohe Schule des Bewerbungsgespräches ist die Kunst, sich dezent ein bisschen besser und wichtiger darzustellen, als man ist, also Angeberei, bei der man nicht erwischt wird. Wenn es so etwas wie eine typisch männliche Begabung gibt, dann ist sie genau das.

Noch eine männliche Eigenschaft ist bei Gehaltsverhandlungen vorteilhaft: die Risikobereitschaft. Einen guten Abschluss schafft man nur, wenn man keine Angst vor einer Zurückweisung hat und durch das Nennen eines eher unbescheiden angesetzten Betrages ein entsprechendes Risiko eingeht. Das ist für einen geborenen Jäger eine Standardsituation, mit der er instinktiv umgehen kann. Ich nenne einen hohen Betrag und akzeptiere dafür, dass ich vielleicht eine Absage kassiere. Schon unsere Vorfahren haben lieber Jagd auf Mammuts als auf Kaninchen gemacht. Frauen hingegen sind von Natur aus eher auf Risikovermeidung konditioniert. Das ist in vielen Lebenssituationen ein Vorteil, Gehaltsverhandlungen gehören aber nicht dazu.

Die dritte männliche Stärke bei Gehaltsverhandlungen ist das Pokerface. Frauen sind zwar Männern beim Deuten von nonverbalen Signalen überlegen, geben selbst aber auch mehr von diesen Signalen ab. Ich muss bei einer Gehaltsverhandlung glaubhaft machen, dass ich selber felsenfest der Meinung bin, den genannten Betrag wert zu sein, und dass ich maximal ein bisschen nachgeben werde. Ein kurzer Anflug von roter Gesichtsfarbe, zu viel Augenzwinkern oder eine defensive Körpersprache und ich habe verloren.

Auch wissenschaftliche Untersuchungen bestätigen, dass Männer und Frauen unterschiedlich verhandeln. So hat das österreichische Beratungsunternehmen Universum Communications eine Studie mit 5.000 Studierenden an 23 Universitäten durchgeführt. Nach dieser Studie gehen Studentinnen schon mit einer deutlich bescheideneren Erwartung in anstehende Gehaltsverhandlungen. Bei gleicher Studienrichtung und gleichem angestrebten Abschluss verlangten Studentinnen um 26 Prozent weniger Einstiegsgehalt. Studienleiterin Yves Schneuwly: „Die deutliche Differenz bei den Gehaltserwartungen der Studenten reflektiert die tatsächlichen Gehaltsunterschiede im späteren Berufsleben. Studien zeigen, dass Frauen weniger beim Gehalt verhandeln als Männer."

Forscher der Universität Hohenheim zeigten in einer Studie, dass Männer sowohl als Ein- als auch als Verkäufer härter verhandeln und signifikant besser abschneiden als Frauen. Von 120 Testpersonen waren unter den Top-10-Verkäufern nur zwei Frauen, unter den Top-10-Einkäufern nur eine. In Bezug auf die Kohärenz und die Schaffung eines kooperativen Verhandlungsklimas seien dagegen „die Frauen in der Kommunikation den männlichen Partnern überlegen", fasst Prof. Dr. Mareike Schoop zusammen.[41] Sind also Frauen die schlechteren Verhandlerinnen? Ja, natürlich, wenn man nur den kurzfristigen finanziellen Vorteil als wichtig erachtet. Nein, natürlich nicht, wenn man berücksichtigt, dass Frauen eine andere Gewichtung bei den Verhandlungszielen haben. Und die stärkere Betonung der Beziehungsebene kann bei langfristigen Geschäftsbeziehungen durchaus auch von Vorteil sein.

Wenn man aber in eine Gehaltsverhandlung geht, und sich ein bescheideneres Ziel setzt und dann auch noch weniger hart verhandelt, ist es völlig klar, dass man einen niedrigeren Abschluss macht.

Dazu Wolfgang Runge, Chef der Manpower Group in Deutschland: In großen Firmen gebe es keine Lohnungleichheiten zwischen Männern und Frauen, „Unterschiede innerhalb der Gehaltsbandbreiten kommen allenfalls durch unterschiedliche Verhandlungsstrategien zustande oder durch reduzierte Stundenzahl im Teilzeitmodell". Aus seiner Sicht sei die Debatte um ungleiche Bezahlung überholt, Deutschland stünde vielmehr vor einem strukturellen Problem. Unternehmen „müssen sich fragen, wie sie aufgestellt sein sollten und welche Kultur sie schaffen müssen, damit Frauen Karriere machen wollen."[42]

Es ist kein Zufall, dass es Gehaltspoker heißt und nicht Gehaltscanasta – beim Pokern ist der Damenanteil sehr niedrig, um die 5 Prozent. Wenn Frauen beim Gehaltspoker besser abschneiden wollen, müssen sie sich mit den wahren Gründen der schlechteren weiblichen Resultate auseinandersetzen. Denn klar ist, dass man das eigene Abschneiden bei Verhandlungen durch Training verbessern kann, und zwar deutlich. Es gibt ja auch erfolgreiche Pokerspielerinnen, die beim Pokern den Männern viel Geld aus der Tasche ziehen.

Wenn man mit Frauen über das Thema „Gehaltsverhandlungen" spricht, bekommt man eigentlich immer die gleiche Antwort: Wenn Frauen hart und mit männlichem Stil verhandeln, wirken sie unsympathisch. Wie viel an diesem Stereotyp dran ist, ist für mich als Mann schwer zu überprüfen, aber es reiht sich nahtlos in die Reihe feministischer Gedankengänge ein: Frauen erzielen durch ihr eigenes Verhalten unerwünschte Ergebnisse, also müssen die Männer schuld daran sein. Es lebe der Opfermythos. Aber wie kommt es dann, dass es durchaus Frauen gibt, die sehr erfolgreich ein hohes Gehalt ausgehandelt haben, und dass es Frauen gibt, die hervorragende Verkäuferinnen sind, die also auch für Waren oder Dienstleistungen erfolgreich viel Geld verlangen?

Auch Männer machen sich nicht beliebt, wenn sie viel Geld verlangen, aber – es ist ihnen egal. Ein Verkäufer, egal ob er sich selbst oder ein Produkt verkauft, hat immer die Wahl, einen großzügigen Rabatt zu gewähren und damit beim Kunden als „good guy“ dazustehen, oder hart zu bleiben und einen höheren Abschluss zu machen.

Der Gender Time Gap

In Deutschland arbeiten laut WSI-Genderreport Männer im Durchschnitt neun Stunden pro Woche oder 23 Prozent mehr in ihrem Beruf als Frauen.[43] Das nennt man „Gender Time Gap“ und diese Zahl wird nicht so gern veröffentlicht wie der „Gender Pay Gap“. In Spitzenzeiten der feministischen Agitation, von 1991 bis 2001, hat dieser Time Gap übrigens kontinuierlich zugenommen, seither stagniert er. Anders ausgedrückt: 45 Prozent der Frauen arbeiten in Teilzeit, aber nur 9 Prozent der Männer (2012, Zahlen für Deutschland).

Je intensiver und länger ich mich mit irgendeiner Tätigkeit beschäftige, desto besser werde ich. Das ist eine einfache und weithin bekannte Tatsache: Ich kann noch so viel Talent für das Geigenspielen besitzen, ohne intensives und ausdauerndes Üben werde ich es nicht zu wahrer Meisterschaft bringen. Das gilt entsprechend für jeden qualifizierten Beruf. Selbstverständlich führt ein höheres Können langfristig zu einem höheren Gehalt. Also auch hier eine leicht nachvollziehbare Begründung für einen Gender Pay Gap und für einen höheren Anteil von Männern in Führungspositionen.

In der medialen Diskussion wiederum wird die weibliche Vorliebe für Halbtagsarbeit regelmäßig als Benachteiligung dargestellt. In der Realität fühlen sich die meisten betroffenen Frauen in der sogenannten „Halbtagsfalle" aber dann doch erstaunlich wohl: Im Rahmen der oben zitierten WSI-Studie gaben nur 14 Prozent der teilzeitbeschäftigten Frauen an, dass der Grund für ihre Teilzeitbeschäftigung darin liegt, dass sie keine Vollzeitstelle bekommen würden. Auch eine Studie des Wissenschaftszentrums Berlin für Sozialforschung kommt zu dem Ergebnis, dass 46 Prozent der deutschen Frauen gern weniger arbeiten wollen, nur 29 Prozent streben mehr Arbeitsstunden an, für den Rest passt es so, wie es ist.[44]

Jobwechsel

Wenn Männer den Job wechseln, sind die finanziellen Motive stärker als bei Frauen, bei denen die Sicherheit des Arbeitsplatzes als wichtiger angegeben wird. So brachte in Deutschland 2012 der Jobwechsel bei 65 Prozent der Männer ein Gehaltsplus, aber nur bei 50 Prozent der Frauen. Auch andere Erhebungen kommen zum gleichen Ergebnis: Dass die Motive für Jobwechsel bei Männern und Frauen unterschiedlich sind.

Der Alphatier-Bonus

Männer besetzen in einem überdurchschnittlichen Ausmaß Führungspositionen. Auch das führt zu einer Erhöhung des Gender Pay Gap.

Wir bekommen eine neue Kollegin, Sylvia Haberwald. Frau Haberwald ist Ende vierzig, gut ausgebildet und Mutter von vier Kindern, hat daher längere Zeit nicht oder nur halbtags gearbeitet. Was auffällt: Obwohl sie einen fähigen Eindruck macht und gut ausgebildet ist, hat sie ein schwaches Selbstwertgefühl. Sie wirkt unsicher, zwinkert oft, wird in Besprechungen rot, wenn sie das Wort ergreift, und man hat den Eindruck, sie steht unter einem sehr großen Druck, zu beweisen, dass sie vollwertig ist und „etwas draufhat". Das ist ja auch kein Wunder. In unserer Gesellschaft läuft seit Jahrzehnten eine intensive Negativ-Marketingkampagne gegen sie. Sie hat das Gefühl, dass auf ihrer Stirn eingraviert steht: „Hausmütterchen – rückständig und ein bisschen dumm."

Wer selber Kinder hat, weiß, was für ein Unsinn das ist. Als Mutter einer sechsköpfigen Familie ist Frau Haberwald fast zwangsläufig fleißig, zielorientiert, gut organisiert, hat sich Führungsqualitäten erarbeitet, kommunikative Kompetenz, Netzwerk- und Teamfähigkeit und ein gehöriges Maß an Frustrationstoleranz. Sie hat Krisen gemeistert, monatelangen Schlafentzug durchgestanden. Es gibt sehr viele Berufe, die viel einfacher und viel weniger vielseitig sind und in denen man nicht diese Art von Managementfähigkeiten entwickeln kann. Dennoch: In einer Bewerbungsmappe sieht jeder noch so stumpfsinnige Job viel besser aus als – Hausfrau. Das Negativmarketing vonseiten der Feminismus-Lobby war sehr gründlich. Dieses Negativbild des Hausmütterchens bekommt man nur schwer aus dem Kopf, selbst wenn man es eigentlich besser weiß.

So wie Frau Haberwald geht es 70 Prozent der Mütter und damit etwas mehr als der Hälfte aller Frauen in Österreich – und inzwischen auch immer mehr Männern. Sie sind für die

Kindererziehung ein paar Jahre ganz oder teilweise aus dem Erwerbsleben ausgestiegen und werden dafür mit einer deutlichen Abwertung auf dem Arbeitsmarkt „belohnt".

Eine gute Bekannte von mir, die schon länger im Personalbereich tätig ist, meinte dazu, früher habe sie auch mit den Augen gerollt, wenn in einer Bewerbung gestanden ist: 5 Jahre Familienmanagement. Ja, ja, eh klar – zu Hause gemütlich gemacht. Jetzt, wo sie selbst zwei Kinder hat, bewertet sie das schon ganz anders.

Feministische Aktivistinnen klagen oft über die Benachteiligung von Frauen bei Bezahlung und Aufstiegschancen. Gleichzeitig betreiben sie seit Jahrzehnten eine riesige Negativ-Marketingkampagne gegen die Mehrzahl der Frauen. Diese Kampagne ist so gründlich aufgesetzt, dass viele betroffene Frauen selbst das Märchen von ihrer eigenen Minderwertigkeit glauben. Leute, die sich selbst für minderwertig halten, werden aber nie wirklich gut verdienen und auch keinen beruflichen Aufstieg erreichen.

Statistische Zerrbilder

Der schon fast rituell beklagte Gender Pay Gap zwischen Männern und Frauen beruht auf einer Berechnungsmethode, die die Bruttostundenlöhne von Männern und Frauen über alle Branchen, Qualifikationen, Positionen und Familienstände zusammenfasst und vergleicht. Mit anderen Worten: Es wird dabei weder berücksichtigt, dass Männer und Frauen unterschiedlich häufig in „MINT"-Berufen arbeiten, noch, dass es Unterschiede in der Teilzeitbeschäftigung, bei familienbedingten Auszeiten und in der Dauer der Betriebszugehörigkeit gibt, die sich natürlich auch auf den Stundenlohn auswirken.

Forscher vom „Institut der Deutschen Wirtschaft Köln" haben diese Faktoren 2013 einmal in die Statistik eingerechnet.[45] Sie haben Äpfel mit Äpfeln verglichen und nicht Äpfel mit Birnen, wie es die offizielle „Gender-Pay-Gap"-Statistik tut. Das Ergebnis: Ein Gender Pay Gap von 2 Prozent zuungunsten der Frauen. Der Gender Pay Gap entpuppt sich also bei genauer und unvoreingenommener Betrachtung vor allem als eins: als das Ergebnis einer verzerrten statistischen Darstellung. Wie heißt es so schön? – „Glaube nie einer Statistik, die du nicht selbst gefälscht hast."

Der Effekt von Teilzeitbeschäftigung oder familienbedingten Auszeiten auf Einkommen und Karriere ist übrigens bei Männern ziemlich gleich ausgeprägt wie bei Frauen. Also auch hier keine Benachteiligung. Der Unterschied besteht lediglich darin, dass Frauen wesentlich öfter in Teilzeit arbeiten und auch häufiger familienbedingte Auszeiten nehmen.

Der Gender Spending Gap

Bei der Diskussion um den Gender Pay Gap geht es im Kern darum, dass wir Männer die Frauen angeblich materiell systematisch über den Tisch ziehen. Abseits soziologischer Theoriegebäude und der medialen Diskussion ist es in meinem realen Leben aber nicht entscheidend, wer wie viel verdient, sondern wer wie viel Geld ausgeben darf. Mit anderen Worten: Wer die Verfügungsgewalt über den schnöden Mammon in Wirklichkeit hat. Bei dieser Betrachtungsweise sieht es für die Damen gar nicht so schlecht aus:

- In Singlehaushalten ist der Gender Pay Gap relativ klein, weil Singlefrauen nicht familienbedingt in Teilzeit arbeiten.

- Nach Scheidungen hört man von beiden Seiten Klagen: von den Männern, dass ihnen zu wenig vom Gehalt bleibt, und von den Frauen, dass auch sie zu kurz kommen. Diese Symmetrie des Jammerns spricht doch eigentlich dafür, dass hier keine systematische Benachteiligung einer Seite vorliegt.

- Laut Boston Consulting Group werden über 70 Prozent aller Konsumausgaben von Frauen getätigt.[46] Darin sind natürlich auch Ausgaben für Kinder und Männer enthalten, dennoch ist hier eine hohe Entscheidungsmacht bei der Produktauswahl und den Konsumprioritäten einer Familie gegeben.

- Frauen geben wesentlich mehr Geld für Kleidung, Schmuck und Körperpflege aus. (Die Angaben variieren von 30 bis 100 Prozent Mehrausgaben im Vergleich zu Männern.)

- Frauen erfreuen sich in den meisten Fällen eines längeren Lebens, geben also bei einer Berechnung auf Lebenszeit mit Sicherheit mehr Geld aus als Männer.

Also: Es spricht doch einiges für einen „Gender Spending Gap“ zugunsten der Frauen. Männer arbeiten im Durchschnitt neun Stunden pro Woche länger im Beruf, Frauen dafür mehr im privaten Bereich, und beim Geldausgeben sind Frauen nicht benachteiligt, sondern tendenziell eher vorne mit dabei – das klingt doch eigentlich aus weiblicher Sicht nach keinem schlechten Deal.

Gläserne Decken

Ein Kernthema der feministischen Mythologie sind die gläsernen Decken, die von Männerseilschaften eingezogen werden, um Frauen von Führungspositionen in Wirtschaft, Politik und Kultur auszuschließen. Es steht auch hier der Vorwurf der systematischen Benachteiligung von Frauen im Raum, wobei auch dieser Vorwurf auf der Grundannahme beruht, dass Mann und Frau gleich sind, daher die gleichen Verhaltensmuster zeigen und die gleichen Lebensprioritäten verfolgen. Wenn man sich gedanklich von der Gleichheitsbehauptung frei macht, kann man sich auch dieser Thematik entspannter und gleichzeitig realistischer nähern, um die Frage zu klären, wie gläsern die Decken denn nun wirklich sind.

Hierarchien im Wandel

Noch in den 1960er-Jahren war der Befund der Feministinnen vollkommen zutreffend: Die Männer besetzten die Machtpositionen und waren zu einem großen Teil davon überzeugt, dass Frauen in Führungspositionen nichts zu suchen haben. Frauen, die Karriere machen wollten, wurden systematisch daran gehindert.

Die letzten Ausläufer dieser Führungsriege habe ich selbst noch miterlebt. Als ich in Graz ab 1990 Chemie studiert habe, gab es einen Professor, der der Meinung war, Frauen wären am Herd besser aufgehoben als in einem Chemielabor. Dementsprechend waren die mündlichen Prüfungen bei ihm bei meinen Kommilitoninnen sehr gefürchtet.

Nach dem Studium bin ich an einer Universität, einer halbstaatlichen Forschungsinstitution und bei vier verschiedenen

Firmen beruflich tätig gewesen. Mir ist in dieser gesamten Zeit kein einziger Fall untergekommen, wo ich das Gefühl hatte, dass eine Frau aufgrund ihres Geschlechts benachteiligt worden wäre. Tatsache ist vielmehr, dass gut geführte Unternehmen peinlich darauf bedacht sind, Frauen nicht zu benachteiligen, nicht zuletzt auch, um ein Negativimage als frauenfeindlicher Arbeitgeber zu vermeiden. In vielen großen Betrieben gibt es sogar spezielle Frauenförderungen und Coachings mit dem Ziel, den Frauenanteil in der Führungsetage zu erhöhen.

Gute Führungskräfte werden fast überall intensiv gesucht, Personaldienstleister und Headhunter verdienen sich goldene Nasen bei ihrer Vermittlung. Eine Firma, die weibliche Managementtalente in den eigenen Reihen hat und nicht entsprechend einsetzt, wäre heute kaum noch konkurrenzfähig.

Der Motivationsturbo

Bei Diskussionen über die gläserne Decke entsteht oft der Eindruck, dass Führungspositionen in Firmen wie Kekse verteilt werden und die Frauen einfach zu wenige abbekommen. Schließlich sind Frauen ja nicht weniger fähig als Männer. Was dabei nicht beachtet wird, ist die Tatsache, dass es für einen Aufstieg nicht ausreicht, die nötigen Fähigkeiten mitzubringen. Man braucht, um Spitzenleistungen zu bringen, vor allem eins: eine Extraportion Motivation. 60-Stunden-Wochen, E-Mails am Wochenende und in den Ferien, Jetlags von Langstreckenflügen, hoher Erwartungsdruck, schwierige Entscheidungen und die Einsamkeit an der Spitze – dafür reicht es nicht, es zu können. Es geht mindestens ebenso sehr um das Wollen.

Warum wollen Menschen ganz nach oben? Wenn man junge Menschen fragt, ob sie eine steile Karriere machen wollen, so werden viele ohne zu zögern diese Frage bejahen. Jeder Mensch hat ein Ego und möchte deshalb gern groß, mächtig und reich werden. So klar, so banal. Der qualitative Unterschied zwischen den Geschlechtern: Männer steigern durch einen beruflichen Aufstieg zusätzlich ihre sexuelle Attraktivität, und das ist – ob bewusst oder unbewusst – der Motivationsturbo schlechthin.

Gleichen Sie das ruhig mal mit Ihrer eigenen Erfahrungswelt ab: Wie viele hierarchisch hochgestellte Männer mit absoluten Traumfrauen an ihrer Seite fallen Ihnen spontan ein? Mir fällt sofort Nicolas Sarkozy mit seiner Carla Bruni ein, John F. Kennedy und Jackie und Barack Obama mit seiner Michelle. Jetzt checken Sie mal die mächtigen Männer in Ihrem privaten Umfeld in Gedanken ab. Auch die werden meistens keine Mauerblümchen an ihrer Seite haben.

Jetzt mal umgekehrt: Kennen Sie einen herausragend attraktiven, irgendwie besonderen Mann oder Begleiter einer mächtigen Frau? Ich nicht. Mir fällt nicht ein Beispiel ein, auch nicht im Bekanntenkreis. Waren Brad Pitt, Richard Gere, Humphrey Bogart jemals mit einer mächtigen Politikerin oder Firmenchefin zusammen? Oder hat es wenigstens Gerüchte über eine Affäre gegeben? Beruflich erfolgreiche Frauen haben es bei der Partnersuche schwerer als beruflich erfolgreiche Männer, nicht zuletzt auch deswegen, weil sie tendenziell selbst einen höhergestellten Mann suchen und dann natürlich keine besonders große Auswahl mehr haben.

Männer steigern durch großen beruflichen Erfolg aber nicht nur ihre Attraktivität, sie haben im statistischen Mittel auch deutlich mehr Nachkommen als weniger erfolgreiche Männer. Bei Frauen ist es genau umgekehrt. Karrierismus wirkt sich also sehr unterschiedlich auf das Leben von Männern und Frauen aus.

Daher haben Männer eine stärkere Motivation, viel Energie in eine Karriere zu investieren. Und während von der Frauenbewegung vehement gefordert wird, dass die Männer ihr Karrierestreben reduzieren sollen, gewähren gleichzeitig nach wie vor attraktive Frauen bevorzugt hierarchisch hochgestellten Männern ihre Gunst. Während die einen an die Moral appellieren, wenden sich ihre eher klassisch agierenden Geschlechtsgenossinnen direkt an die Triebe der Männer. Wer da gewinnt, ist vollkommen klar: Die Moral ist es nicht.

Wenn es die Frauenbewegung also ernst meint mit dem Anspruch, die Führungspositionen in Wirtschaft und Politik zu 50 Prozent (oder auch mehr) zu übernehmen, dann braucht sie nur dafür zu sorgen, dass die Topmodels und andere begehrte weibliche Wesen in Zukunft nicht mehr die Alpha-Männchen bevorzugen, sondern einen Zug zu Beta-, Gamma- oder Delta-Männchen entwickeln, dann würden sich die berüchtigten gläsernen Decken in kürzester Zeit in Luft auflösen.

Zum Thema Karrieremotivation auf der weiblichen Seite gibt es ebenfalls interessante Umfragen: Laut österreichischer Wertestudie von 2004 würden 64 Prozent der Frauen, wenn es finanziell möglich wäre, für jedes geborene Kind drei Jahre oder länger voll aus dem Berufsleben ausscheiden.[47] Eine Studie der Organisation Movement Mondial des Mères (MMM), für die 11.000 Mütter aus 16 europäischen Ländern befragt wurden, kam zu ähnlichen Zahlen[48] und eine Studie des Österreichischen Jugend- und Familienministeriums 2011 ergab, dass die Hälfte der Mädchen und Frauen von 14 bis 24 Jahren sich vorstellen kann, als Hausfrau zu leben, wenn der Partner genug Geld verdient.[49]

In Bezug auf die gläsernen Decken lässt sich sagen, dass die meisten dieser Frauen sicher keine steile Managementkarriere planen.

Die oben erwähnte Wertestudie brachte aber noch ein weiteres, spannendes Ergebnis: Während 64 Prozent der Mütter gern für jedes Kind drei Jahre zu Hause bleiben würden, befürworten das nur 48 Prozent der dazugehörigen Väter. Der Geschlechterkampf, der in den Medien immer noch in seiner klassischen Form inszeniert wird, ist in der ganz normalen Bevölkerung also nicht nur vorbei, er hat inzwischen sogar schon die Richtung geändert: Früher kämpften die Frauen gegen den Widerstand ihrer Männer für ihr Recht auf Berufstätigkeit, heute treten die Männer mehr für die Berufstätigkeit ihrer Frauen ein als die Frauen selbst! Das postfeministische Zeitalter hat eigentlich schon begonnen, in der öffentlichen Diskussion ist es nur noch nicht angekommen.

Hierarchie als Wohlfühlfaktor

Wer eigene Kinder hat oder beruflich mit Kindern arbeitet, weiß, dass Hierarchie nicht nur bei Erwachsenen eine Rolle spielt, es fängt schon in der Kindheit an. Und auch hier ist die Realität vom Genderideal trotz Gleichheitserziehung weit entfernt: Jungen sind schon mit vier Jahren kämpferischer und hierarchischer als Mädchen. Sie wollen einander permanent gegenseitig übertrumpfen und zeigen, dass sie der kleine Alpha-Stier sind.

Wenn ein junger Mann im Alter von 25 Jahren ins Berufsleben eintritt, hat er gegenüber einer gleichaltrigen Frau also mehr als 20 Jahre Erfahrungsvorsprung in Sachen Hierarchiekompetenz: Angefangen von der Kindergartengang über diverse Schulcliquen bis zur Fußballmannschaft hat er die wichtigsten Regeln gelernt, er kennt die Körpersprache und die Stimmlage der verschiedenen Rollen, hat Unterordnung, Rangordnungskampf, Gewinnen und Verlieren gelernt, vielleicht auch mal die Rolle des Anführers ausprobiert und festgestellt, wie cool sie ist, aber auch welchen Preis sie hat. Er kann instinktiv mit der paradoxen Wettbewerbssituation in Hierarchien umgehen: Einerseits sind die Mitglieder seines Rudels Konkurrenten, andererseits hat das Rudel – beispielsweise die Fußballmannschaft – gegen andere Rudel nur dann eine Chance, wenn der Teamzusammenhalt stärker ist als das interne Konkurrenzverhalten.

Und er kennt die wichtigste Regel: Nimm es nicht persönlich. Wie alle Sprachen lernt man die Sprache der Hierarchie natürlich am leichtesten und vor allem akzentfrei in der Kindheit, wo Mädchen sich über Lob für ihr braves und soziales Verhalten freuen und Jungen trotz regelmäßiger Schelte eben ganz einfach Jungen bleiben und gerade durch die Schelte nebenbei auch noch ein dickes Fell bekommen.

Daher ist es biologisch betrachtet kein Wunder, dass auch im Erwachsenenleben Frauen in der Mehrzahl Berufsfelder mit flachen Hierarchien bevorzugen und in stark hierarchischen Branchen eine Minderheit bleiben.

Willkommen im Krieg

Wenn man sich die PR oder die offizielle interne Kommunikation in produzierenden Unternehmen anschaut, dann ist alles immer sehr beschaulich: Es gibt keine Konkurrenten, sondern Mitbewerber oder – noch sanfter – „Marktbegleiter", auch das Wort Hierarchie wird nicht gern benutzt, man praktiziert ja Führung auf Augenhöhe und setzt auf Partizipation der Mitarbeiter. Die inoffizielle Realität sieht anders aus.

Die Firma besitzt eine Marktposition, die sie verteidigt und zu vergrößern versucht. Sie wird von Mitbewerbern attackiert und sie geht zum Gegenangriff über. Das Management geht von einem Strategiemeeting zur nächsten taktischen Besprechung. Es plant feindliche Übernahmen und hofft, dass es nicht selbst übernommen wird. Führungskräfte können Topshots sein, die, wenn sie gut sind, von Headhuntern (wörtlich „Kopfjägern") abgeworben werden. Wenn sie weniger gut sind, werden sie vielleicht abgeschossen oder es kommt zu einem Köpferollen.

Zwar fließt nur verbales Blut, aber das Vokabular ist verräterisch: Ein Unternehmen, das Produkte auf dem Weltmarkt anbietet, ist permanent in einem Zustand, der durchaus einige Parallelen mit Krieg hat. Der Kampf wird heute nicht mit Keule und Speer geführt, sondern mit Laptop und E-Mails. Die Basis unseres Wohlstandes wird trotz aller nach außen gerichteten Weichspül-Rhetorik nach wie vor eher erkämpft als erkuschelt.

Das heißt, dass das Topmanagement einer Firma auch ähnlich agieren muss wie eine Heeresführung, einschließlich der kalkulierten Opfer in den eigenen Reihen – als Folge von Rationalisierung oder Restrukturierung. Dazu kommt noch die Tatsache, dass insbesondere bei börsennotierten Firmen die Renditeerwartungen seitens der Aktionäre meist nicht durch Bescheidenheit glänzen. Hohe Renditen lassen sich aber nur durch das Eingehen entsprechend hoher Risiken erreichen. Kein Wunder, dass für Coachings und Trainings für das Topmanagement immer öfter Berater aus dem militärischen oder polizeilichen Bereich[50] engagiert werden, von denen man die weniger sanften Methoden und den professionellen Umgang mit Risiken lernen kann.

Biologisch betrachtet ist es völlig klar, dass Frauen von einem Umfeld, das wettbewerbsorientiert, risikoreich und stark hierarchisch ist, nicht so sehr angezogen werden wie z. B. von Institutionen im erzieherischen Bereich, Bildungs- oder Gesundheitswesen.

Baron Münchhausen und der Steinbruch des Pinguins

Bei hierarchiebildenden Säugetieren übernehmen meist die jeweils größten, stärksten und aggressivsten Individuen die Führung. Es ist zwar wieder einmal politisch vollkommen unkorrekt, aber rein biologisch haben wir eine Neigung, uns tendenziell eher großen, starken und aggressiven Personen unterzuordnen. Unabhängig vom Geschlecht sind große Menschen und Menschen mit einer tiefen Stimme sowie einem hohen Testosteronspiegel in Führungspositionen häufiger vertreten als Menschen ohne diese Merkmale. Von 43 Präsidenten der USA waren beispielsweise 95 Prozent größer als der Durchschnittsmann.[51] Wenn ein Vorgesetzter seinem Mitarbeiter seine Dominanz anzeigen will, senkt er die Stimme, umgekehrt signalisieren die Mitarbeiter durch das Anschlagen einer höheren Stimmlage, dass sie ihren niedrigeren Rang akzeptieren.[52]

Nun sind Männer aber im Durchschnitt größer, haben eine tiefere Stimme und zehn bis zwanzig Mal mehr Testosteron im Blut als Frauen – sie werden also leichter als Führungsperson akzeptiert. Gleichzeitig haben Männer mit viel Testosteron im Blut einen stark ausgeprägten Sexualtrieb und wissen, dass sie diesen aus einer hohen hierarchischen Position heraus auch auf hohem Niveau ausleben können. Testosteron erhöht also sowohl das Können als auch das Wollen beim hierarchischen Aufstieg, ist hier also ein nicht zu verachtender Faktor.

Den Zusammenhang von körperlichen Merkmalen und Führungsanspruch kann man leicht im Alltag erkennen: Warum tragen beispielsweise Menschen in Führungspositionen – egal ob männlich oder weiblich – so gerne Sakkos? Teilweise auch im Sommer, wenn es richtig heiß ist? Weil sie keine Zeit für Bodybuilding haben. Sakkos betonen die Schultern und haben einen kantigen rechteckigen Schnitt. In einem Sakko sieht eigentlich jeder aus, als wäre er (oder sie) richtig stark. Führungskräfte tragen Sakkos aus dem gleichen Grund, aus dem der männliche Löwe eine Mähne hat – und sie erzielen die gleiche Wirkung. Auch das Schuhwerk eines typischen Managers hat „zufällig" Absätze in genau der Höhe, die ihn dezent etwas größer erscheinen lassen, als er ist, aber ihn gerade noch nicht bei seinem alphatierartigen Gangbild einschränken. Er möchte ja mit großen und festen Schritten seinen Mitarbeitern vorangehen.

Auch die Sprache deutet auf den Zusammenhang von Körpergröße und Führungsanspruch hin: Jemand hat nicht meine Kragenweite oder aber seine Fußstapfen sind zu groß. Ein anderer schaut wiederum von oben herab. Es werden keine Analogien zur Freundlichkeit oder Klugheit verwendet, sondern größenbezogene. Diese sprachlichen Bilder sind über Jahrhunderte entstanden und spiegeln den Erfahrungsschatz einer Gesellschaft wider. Und jeder versteht sie.

Die Absicht, all diese Mechanismen durch Umerziehung in den Griff zu bekommen, mag man als moralisch hochstehend betrachten, realistisch ist sie aber nicht. Auch im Bezug auf den Gender Pay Gap gibt es klare biologische Dispositionen: Im gesamten Tierreich sind Männchen mehr auf materielle Aspekte fokussiert als Weibchen, mit wenigen Ausnahmen. Das Erkämpfen und Halten eines möglichst ertragreichen Revieres, das ja bei Arten mit Revierverhalten die Grundlage für die materielle Versorgung und geeignete Rückzugsmöglichkeiten bildet, ist bei der großen Mehrheit der Arten eine überwiegend männliche Aufgabe, und auch das Beschenken mit Nahrung oder Gegenständen ist fast ausnahmslos eine vertrauensbildende Maßnahme der Männchen gegenüber den Weibchen, als Teil der Balz oder auch nur zur Beziehungspflege.

Auch beim Menschen war bis in die Steinzeit das Revierverhalten noch ganz im wörtlichen Sinne mit der kämpferischen Verteidigung eines Stückes Land verbunden, heute wird im Beruf ein Einflussbereich als Revierersatz aufgebaut und verteidigt. Die Antriebe und Motive sind zwar verstandesmäßig beim Homo sapiens sicher anders als bei einem Seeelefanten, die unterbewussten Antriebe dürften aber nicht so verschieden sein, wie wir das gern glauben wollen. Und wenn ein Pinguin-Männchen seinem Pinguin-Weibchen ein kostbares und unter großen Mühen erworbenes Steinchen überreicht, ist die Analogie zu menschlichen Schenkungsritualen sicher kein Zufall.

Gerade die biologische Perspektive verdeutlicht, wie wenig Sinn die moralisierende Bewertung der unterschiedlichen Geschlechterrollen macht. Ist das Pinguin-Männchen moralisch verkommen, weil es die Firma Pinguin und Co KG gegründet hat, einen kleinen Steinbruch betreibt und in stundenlanger Arbeit die schönsten Steinchen unter einer dicken Eisdecke hervorpickt, nur um das Pinguin-Weibchen von seinen Macher- und Ernährerqualitäten zu überzeugen, um dann mit ihr einen kleinen süßen Pinguin in die Welt zu setzen? Was für eine unsinnige Frage: Wenn das nicht schon Generationen von wackeren Pinguin-Männchen vor ihm so getan hätten, gäbe es ihn gar nicht, und ebenso wenig das Pinguin-Weibchen. Die Steinchen werden als Brutunterlage verwendet und verhindern, dass das Ei am Untergrund festfrieren kann. Mit einem ungeschickten und schwachen Männchen an ihrer Seite würde das Weibchen später bei Schlechtwetter ihrem Jungen nur noch beim Verhungern zusehen können.

Seit ein paar hundert Millionen Jahren riskieren die Männchen alles, sie kämpfen, täuschen, prahlen und tricksen und versuchen, in Rangordnungen nach oben zu kommen, tolle Reviere, Kieselsteinchen oder Aktienoptionen zu ergattern, und das hauptsächlich, um bei den Weibchen Eindruck zu schinden und ihnen schöne Geschenke zu machen. Die Erkenntnis, dass das eine beklagenswerte Benachteiligung der Weibchen darstellt, ist dagegen eine vergleichsweise junge Errungenschaft, ebenso wie der Gedanke, dieses tief im Unterbewusstsein verankerte biologische Erbe durch Umerziehung des bewussten Persönlichkeitsanteils einfach zu löschen.

Dass wir uns als relativ junge Art selbst an den eigenen Haaren aus dem Sumpf der Evolution ziehen, ist schon ein wahrlich kühner Plan, der alte Baron Münchhausen hätte damit sicher seine Freude gehabt.

Nachtrag: Wie oben erwähnt gibt es im Tierreich Ausnahmen zur oben beschriebenen Rollenverteilung, aber es sind wie gesagt Ausnahmen: Beim afrikanischen Grillkuckuck übernimmt das Weibchen z. B. klassisch männliche Rollen wie die Eroberung eines Territoriums, das Buhlen um ein Männchen und das Markieren des Territoriums durch Gesang, während das Männchen in weibliche Rollen schlüpft und sich beispielsweise um den Nachwuchs kümmert. Dabei sind interessanterweise die Testosteronspiegel klassisch aufgeteilt: Das Männchen hat viel mehr Testosteron im Blut als das Weibchen. Dieser scheinbare Widerspruch wird dadurch ermöglicht, dass das Weibchen in den entsprechenden Gehirnregionen einfach mehr testosteronbindende Rezeptoren hat, also sensibler auf dieses Hormon reagiert.[53] Daraus folgt: Auch die Ausnahmen in der Biologie deuten nicht auf die freie Wählbarkeit von Rollen hin, sondern auf eine klare genetische Disposition.

Warum blutende Nasen selten Frauennasen sind

Jeder berufliche Aufstieg ist mit einem Risiko verbunden: Soll ich den Sprung ins kalte Wasser wagen? Werde ich mich in der neuen Position behaupten? Schon seine Ambition auf eine Führungsposition zu verkünden bedeutet, dass man sich exponiert. Risikobereitschaft ist eine Eigenschaft, die bei Männern im statistischen Mittel deutlich ausgeprägter ist (siehe „No risk, no fun – Evolutionsbiologie und Lebensstrategien").

Sie ist auch eine notwendige Eigenschaft bei der Gründung einer neuen Firma. Auch hier finden wir wieder einen Grund für die geringe Anzahl von Frauen in Führungspositionen: In kleinen und mittelständischen Firmen ist der Chef oft auch der Gründer der Firma – und den gibt es einfach viel öfter als die Gründerin. Im Jahr 2012 wurden in Deutschland zwei Drittel aller Firmen von Männern gegründet und bei den weiblichen Gründungen gibt es einen hohen Anteil von Nebenerwerbsselbstständigen und Ein-Personen-Unternehmen – und die werden ja nicht zu Führungskräften. Bei innovativen und schnell wachsenden Start-ups, bei denen das Risiko einer Bauchlandung bei etwa zwei Dritteln liegt, lag der männliche Anteil bei 87 Prozent.[54]

Wer riskiert, kann zum strahlenden Sieger werden oder auf die Nase fallen. Bei Männern kommt es immer wieder vor, dass sich jemand eine Hierarchieebene nach oben blendet und von dort aufgrund mangelnder Eignung unsanft wieder entfernt wird. Oder dass die geniale Idee, mit der ein dynamisches Start-up-Unternehmen gegründet wurde, dann vielleicht doch nicht so genial war – blutende Nasen sind meistens Männernasen.

Die männliche Freak-Liga

Wie schon im Kapitel „Der Gleichheitsmythos" beschrieben, sind Männer und Frauen im Durchschnitt zwar ähnlich intelligent, dennoch unterscheiden sich die Intelligenzverteilungen von Männern und Frauen: Es gibt deutlich mehr Hochbegabte bei den Männern. Darum wird es auch in Zukunft mehr männliche Führungspersonen des schillernd-genialen Typus eines Steve Jobs, Bill Gates oder Mark Zuckerberg geben.

Zum Ausgleich gibt es bei Männern ja auch mehr Psychopathen. Oder wie die Kulturhistorikerin Camille Paglia so schön sagte: „Ein weiblicher Mozart fehlt, weil es auch keinen weiblichen Jack the Ripper gibt."

Formale Macht und informelle Hosen

„Männer regieren die Welt, aber beherrschen tun wir Weiber sie, ihr zwei depperten Nacktschnecken!"

Aus der Fernsehserie „Vorstadtweiber"[55]

Bei der Diskussion um die gläsernen Decken geht es um formale Machtpositionen. Wenn man die wirkliche Machtverteilung einer Gesellschaft durchschauen will, dann sollte man aber auch die informellen Formen von Macht betrachten. Hier sind Frauen aufgrund ihrer ausgeprägteren sozialen und manipulativen Fähigkeiten weit stärker als bei offiziellen Machtpositionen. So ist bei vielen Familien, insbesondere in traditionellen Gesellschaften, nach außen hin der Mann der Macher und Entscheider. Je näher man eine Familie dann aber kennenlernt, desto häufiger merkt man, wie viel mehr reale Macht und Entscheidungskraft die Frau ausübt. Auch in Firmen gibt es oft große Unterschiede zwischen formaler Macht und ihren informellen Erscheinungsformen.

Um einen Eindruck von der realen Machtverteilung in Familien zu bekommen, braucht man nur den Leuten auf den Mund zu schauen. In Österreich ist es weit verbreitet, als Mann bei familiären Themen leicht augenzwinkernd von „der Chefin" oder „der Regierung" zu sprechen. Und der Zuhörer weiß, dass damit die eigene Frau oder Lebensgefährtin gemeint ist. Umgekehrt habe ich so etwas noch nie gehört. Auch in vielen Witzen spielt diese Diskrepanz zwischen offizieller und realer Machtverteilung eine zentrale Rolle. Und allein die Tatsache, dass solche Anspielungen und Witze von jedem verstanden werden, zeigt, dass sie auf realen Tatsachen basieren, sonst wären sie ja nicht witzig.

Obwohl sich informelle Machtgefälle leicht der wissenschaftlichen Untersuchung entziehen, weil sie oft geleugnet werden, gibt es Studien, die die informelle Macht der Frauen belegen: Bei einer Berliner Studie gaben 16 Prozent der Frauen an, dass sie sich als Anführerinnen in ihren Familien sehen, aber nur 8,3 Prozent der Männer. Vorne (es wurde die Analogie zu einem Fischschwarm gewählt) sahen sich 57,3 Prozent der Frauen und 47,1 Prozent der Männer.[56]

Die wahren Machtverhältnisse in einer Gesellschaft sind also nicht so eindimensional und simpel, wie es bei der üblichen Genderdiskussion dargestellt wird. Sie haben eine offizielle, leicht erkennbare und auch beweisbare Komponente und eine subtile Dimension, die man nur bei genauem Hinsehen erkennen oder vielleicht besser erspüren kann, sofern man dazu bereit ist.

Besonders hilfreich bei der Dechiffrierung von wirklichen Machtverhältnissen ist die Beobachtung der Körpersprache. Die Körpersprache hat den Vorteil, dass die meisten Menschen leichter mit Worten tarnen und täuschen können als mit dem Körper. Schauen Sie mal einem Mann zu, wenn er einer Frau die Tür aufhält. Das gilt zwar inzwischen als leicht rückständig, kommt aber insbesondere bei älteren Männern immer noch gelegentlich vor. Wie sieht die Körpersprache dabei aus? Es wird eine leichte Verbeugung angedeutet und der Kopf ein wenig gesenkt. Oft wird sogar ein „Strammstehen“ mit geschlossenen Beinen und sich berührenden Fersen angedeutet. Diese Körpersprache wird weltweit und in jeder Kultur verstanden und bedeutet ein hohes Maß an Respekt und eine Art von Unterordnung. In einer Firma beispielsweise würde man diese Form von Respekt nicht einmal seinem direkten Vorgesetzten erweisen, das würde übertrieben wirken. So behandelt man im beruflichen Umfeld Leute, die zwei oder mehr Hierarchiestufen über einem stehen, oder auch hohe Besucher wie Geschäftsführer von Partnerfirmen, wichtige Kunden oder Politiker auf der Suche nach Volksnähe.

Auch andere, teils schon fast ausgestorbene Gesten unterstreichen die hohe informelle Wertschätzung für das weibliche Geschlecht: Der galante Handkuss, zu dessen stilvoller Ausführung die tiefe Verbeugung gehört, der traditionelle Kniefall beim Heiratsantrag oder auch das ritterliche „Frauen und Kinder zuerst“ auf dem sinkenden Schiff.

All diese Gesten werden normalerweise von jedem sehfähigen Exemplar des Homo sapiens, unabhängig der kulturellen Herkunft, verstanden. Sie funktionieren sogar über die Artgrenzen hinweg auch in der Kommunikation mit anderen hierarchiebildenden Säugetierarten. Jeder, der sich z. B. intensiv mit Hunden oder Pferden befasst hat, wird das bestätigen können. Allerdings scheinen Ideologien dazu in der Lage zu sein, den Menschen so weit von seiner eigenen Natur zu entfremden, dass er diese universelle Sprache nicht mehr versteht. In der linksalternativen Szene in Hamburg Ende der 1980er-Jahre wurde man beispielsweise von feministischen

Frauen zurechtgewiesen, wenn man es wagte, ihnen die Tür aufzuhalten. Das Türöffnen wurde als Geste der Geringschätzung gedeutet, womit der rückständige Mann angeblich die Hilflosigkeit und Minderwertigkeit der Frau zur Schau stellen wollte. Diese Fehlinterpretation einer Respektsäußerung zeigt sehr bildhaft, in welchem Ausmaß die Herabsetzung des weiblichen Geschlechts auf Einbildung beruht. Wenn ich dem Chef meines Chefs die Tür aufhalte, würde der nie auf die Idee kommen, das als Geste der Geringschätzung zu interpretieren.

Ein gutes Beispiel für das Zusammenspiel von offizieller und inoffizieller Macht ist auch die Partnerwahl. Wenn ein Außerirdischer auf die Erde kommen würde, um die Tierart, die sich selbst „Homo sapiens" nennt, zu untersuchen, so würde er zu dem Schluss kommen, dass der aktive und die Entscheidung treffende Part meist der Mann ist. Er ergreift die Initiative, wagt die erste verbale Kontaktaufnahme und trifft mit der Auswahl der Frau, die er anspricht, die entscheidende Vorauswahl. Die Frau dagegen ist scheinbar passiv dem Geschehen ausgeliefert und hofft einfach, dass sie von einem attraktiven Mann angesprochen wird. In Wirklichkeit haben die Frauen aber sicher nicht weniger Macht über diesen Bereich als die Männer. Zum einen wagen die meisten Homo-sapiens-Männchen eine eindeutige Ansprache erst dann, wenn vom Weibchen zuvor nonverbale, aber eindeutige Signale ausgesandt wurden. Sie schenkt ihm einen tiefen Blick oder gar ein Lächeln, überschlägt die Beine … Zum anderen sind die Frauen kritischer und lassen ein nicht den Vorstellungen entsprechendes männliches Exemplar gnadenlos abblitzen. Also auch hier: Auf den ersten Blick erscheinen die Männer machtvoller und aktiver, auf eine subtile und raffinierte Art und Weise haben aber die Frauen wesentlich mehr Einfluss, als es scheint.

Auch hier spiegelt sich ein kulturell tief verankertes Wissen über die wirklichen Verhältnisse in der Sprache wider: Frauen sagen, sie haben sich einen Mann „geangelt". Männer glauben dagegen, dass sie Frauen „erobern". Beide Seiten sehen sich also offensichtlich ziemlich gleichberechtigt als den entscheidenden Part bei der Partnerwahl an. Es ist wie in vielen bisher angesprochenen Bereichen: Die Gleichberechtigung ist gegeben, sie ist aber subtil und nicht auf den ersten Blick erkennbar, und sie wird nicht gendergerecht realisiert, sondern viel raffinierter und eleganter. Eine Gleichberechtigung, bei der sich jeder Part insgeheim als überlegen wahrnimmt, aber das natürlich nie so zugeben würde – besser geht es eigentlich gar nicht. Das gleiche Grundmuster findet man in weiten Teilen der Tierwelt wieder: Gleichberechtigung quasi aus biologischem Anbau, da kann man eigentlich nur staunen.

Eine besonders beliebte und wirkungsvolle Methode der informellen Machtausübung zeigt uns seit ein paar Jahrzehnten die feministische Bewegung vor: Man kultiviert eine Opferrolle, womit man dem Gegenüber einen Sack voller Schuldgefühle um den Hals hängt. Wenn man dann irgendeinen ungerechtfertigten Sonderwunsch hat, braucht man nur ein bisschen an die Schuld zu erinnern und schon lässt sich das Gegenüber wie ein Ochse am Nasenring vorführen. Funktioniert in den privaten vier Wänden natürlich genauso gut wie in Politik und Wirtschaft.

Die gläserne Decke – eine mediale Fata Morgana?

Bei einer groß angelegten Umfrage zur Genderthematik im Auftrag der Zeitschrift „Brigitte" (2013) war eine der gestellten Fragen: „Wie gläsern ist die Decke?" Es sollte dazu die

Aussage „Frauen wird der Zugang zu Spitzenpositionen verwehrt“ bewertet werden. Mehr als zwei Drittel der befragten Frauen fanden diese Aussage nicht zutreffend. Das ist angesichts einer inzwischen jahrzehntelangen Medienkampagne, die genau diese gläsernen Decken suggeriert, ein verblüffend niedriger Wert, der gut mit den Ergebnissen des ARD-Deutschlandtrends zusammenpasst, wo zwei Drittel der deutschen Frauen gegen eine Quotenregelung zu ihren eigenen Gunsten stimmten.[57] Was für eine absurde Situation: Frauen sollen gegen ihren eigenen Mehrheitswillen per Quote bevorzugt werden!

Die gläserne Decke ist wie eine Art Dauer-Fata-Morgana, die durch die Medien und die Politik spukt.

Die Opferrolle als gläserne Hängematte

Seit Jahrzehnten wird in Politik und Medien den Frauen eine fixe Rolle zugewiesen: die des Opfers. Sie sind angeblich zu schwach, um sich ohne den Schutz einer gesetzlichen Quotenregelung in Führungspositionen zu behaupten.

Die routinierte Opferrhetorik soll bewirken, dass die Chefetagen weiblicher werden. Ob sie das wirklich tut, ist zweifelhaft: Karriere machen Menschen, die sich selbst als Macher oder Macherinnen wahrnehmen, nicht die, die sich als Opfer sehen.

Einmal aufgebaute Vorurteile, wie das der weiblichen Opferrolle, sind auch deshalb so hinderlich, weil sie sich permanent selbst verstärken. Wenn beispielsweise eine überzeugte Feministin in einem Technologiebetrieb mit 70 Prozent Männeranteil Karriere machen will, dann wird sie 70 Prozent der Kollegen und Vorgesetzten mit einem unterschwelligen Misstrauen und einer gewissen Abneigung gegenübertreten, und auch zu männlichen Lieferanten und Kunden wird sie ein eher unentspanntes Verhältnis aufbauen. Ihre männlichen Gegenüber werden diese Haltung natürlich entsprechend spiegeln und sie ebenfalls nicht besonders wohlwollend behandeln, womit sie sich in ihrem Ressentiment wiederum bestätigt fühlt.

Durch das Phänomen, das Psychologen als Wahrnehmungsverzerrung bezeichnen, verfestigt sich bei ihr das Feindbild Mann: Wir filtern permanent die Informationsfülle, die auf unsere Sinnesorgane einströmt, entsprechend unserem Weltbild. Informationen, die dieses bestätigen, werden bewusster wahrgenommen als solche, die das nicht tun. Und nicht nur das: Neutrale Informationen werden zusätzlich noch so umgedeutet, dass sie zu unserem Weltbild passen. Wenn beispielsweise eine Kollegin vom Chef abgekanzelt wird, dann wird das als frauenfeindlich wahrgenommen. Wenn dasselbe einem männlichen Kollegen passiert, dann hatte der Chef eben gerade mal schlechte Laune.

So wird die mediale Klage über die gläserne Decke selbst zu einer solchen – orthodoxer Feminismus ist ein Crashkurs in Erfolglosigkeit: Man nehme sich selbst als Opfer wahr, und wenn mal etwas schiefläuft, schiebe man die Schuld reflexartig anderen in die Schuhe. Anstatt aus eigenen Fehlern zu lernen und sich dadurch weiterzuentwickeln, bleibt man so in der Bequemlichkeit der Opferhängematte hängen.

Führen Frauen zum Erfolg?

Eine heiß und kontrovers diskutierte Frage: Führt ein hoher Frauenanteil in Führungsetagen zu einem größeren wirtschaftlichen Erfolg von Firmen? Es gibt viel beachtete Studien, die einen positiven Zusammenhang zwischen dem Frauenanteil im Management und dem wirtschaftlichen Erfolg sehen. Spannend ist, dass gerade die Genderliebhaber, die ja der Meinung sind, dass Mann und Frau gleich sind, immer wieder genau diese Studien zitieren. Warum Wesen, die ja eigentlich gleich sind, dann doch den Erfolg erhöhen, erschließt sich manch einfachem Gemüt zwar nicht sofort auf den ersten Blick, auch nicht, warum die Förderung des beruflichen Ein- und Aufstiegs von gleichen Wesen unter dem Titel „Diversity" läuft, aber wie auch immer.

Wie so oft bei derartigen Fragestellungen gibt es natürlich auch hier Studien, die – allerdings deutlich weniger beachtet – zu dem Ergebnis kommen, dass es keinen Zusammenhang zwischen Frauenanteil im Management und wirtschaftlichem Erfolg gibt. Man kann es sich also aussuchen. Wie schön.

Derzeit wird in den meisten Firmen und Institutionen ein erhöhter Frauenanteil in Führungspositionen als sinnvoll erachtet, was ja angesichts der real vorhandenen „Diversity" der Geschlechter und der dadurch möglichen höheren Bandbreite an Mentalitäten und Herangehensweisen in der Chefetage auch aus biologischer Perspektive argumentierbar ist. Auch die Tatsache, dass Frauen bezüglich ihrer Führungsqualitäten meistens selbstkritischer sind als Männer und daher oft nicht so deutlich sichtbar aufzeigen, spricht für eine Förderung. Bei aller Diversity-Begeisterung sollen aber dennoch keine Personen in Positionen gebracht werden, für die sie nicht geeignet sind, und auch keine fähigen Männer um ihre Chancen gebracht und damit in die Frustration getrieben werden – es ist ein Eiertanz. Auch dabei werden Firmen erfolgreicher sein, die sich mehr an der Biologie und Psychologie orientieren – und damit am wirklichen Wesen des Homo sapiens – als an gerade schicken Ideologien. Die derzeit ernsthaft diskutierte „positive Diskriminierung" inklusive Quotenbrechstange ist wohl die plumpste aller möglichen Arten, hier zu Fortschritten zu gelangen. Was viel sanfter und nachhaltiger ist und ja auch von vielen Firmen schon praktiziert wird, sind Maßnahmen, die berufliches Engagement und Führungspositionen für Frauen ganz einfach attraktiver und mit einer Familiengründung vereinbarer machen. Dazu zählen flache Hierarchien, eine eher moderierende und nicht betont autoritäre Führungskultur vom CEO bis hinunter zur operativen Ebene, flexible Arbeitszeiten, ein Betriebskindergarten, ein angenehmes und sinnliches Ambiente, Kontinuität in der Personalführung, also die Belohnung von Firmentreue und keine „hire-and-fire"-Mentalität, eine ernst gemeinte „Corporate-social-responsibility"-Strategie in Richtung Umweltfreundlichkeit und Sozialverträglichkeit, die Förderung der firmeninternen Kommunikation auf allen Ebenen und die Anerkennung von Familienauszeiten als Weiterbildung in Sachen Persönlichkeitsentwicklung. Auch ein entspannter Umgang mit Mitbewerbern kann helfen, nach dem Motto „leben und leben lassen". Das kann so weit gehen, dass man mit Firmen in einem Bereich Konkurrent ist und in einem anderen Bereich Synergien entdeckt und zusammenarbeitet.

Die meisten dieser Maßnahmen haben auch noch andere Vorteile, sind also nicht nur zur Erhöhung der Frauenquote geeignet.

Umgang mit gläsernen Decken

Wenn jemand an eine gläserne Decke stößt und merkt, hier geht es wirklich nicht weiter, was tut er oder sie dann? Man wechselt die Firma oder man macht sich selbstständig.

Würden die berüchtigten gläsernen Decken wirklich nur für Frauen existieren, müsste es also eigentlich einen weiblichen Gründerboom geben. Und die neu gegründeten Frauenfirmen müssten sehr erfolgreich sein, weil sich ja die Gründerinnen unter zahlreichen weiblichen Bewerberinnen, die auch der männlichen Benachteiligung entfliehen, die besten Mitarbeiterinnen aussuchen könnten. Das … ist aber graue Theorie: Das Risiko einer Firmengründung gehen überwiegend Männer ein und – eine deutliche Mehrheit der Frauen arbeitet lieber unter einem männlichen Chef als unter einer Chefin.[58] Wieder haben wir es mit einer dieser Seltsamkeiten zu tun, die die gesamte Genderdebatte in ein surreales Licht tauchen: Seit Jahrzehnten liest man in den Medien, dass männliche Chefs Frauen benachteiligen, gleichzeitig lassen uns die Frauen aber regelmäßig in Umfragen wissen, dass sie deutlich lieber unter männlichen Chefs arbeiten als unter weiblichen. Biologisch betrachtet wiederum völlig selbstverständlich, da Frauen untereinander – ebenso wie die Männer – in stärkerer Konkurrenz zueinander stehen als im Verhältnis zum jeweils anderen Geschlecht.

Die speziell für Frauen eingezogene gläserne Decke ist also ein Mythos, und zwar ein ziemlich durchsichtiger.

Die Realität ist eine andere: Natürlich gibt es die gläserne Decke. Aber die ist für Männer mindestens so hart wie für Frauen und – sie hat ja auch einen Sinn. Es soll niemand in eine Führungsposition kommen, für den eine Decke aus Glas ein unüberwindbares Hindernis darstellt. Es ist ja nur Glas, kein Edelstahl.

Der Heilige Gral der Selbstverwirklichung

Die Tochter eines guten Bekannten von mir ist 22 Jahre alt. Sie hat seit einigen Jahren einen festen Freund und schockiert in letzter Zeit gerne ein bisschen ihre Verwandtschaft und ihren Freundeskreis. Nein, nicht mit einem Nasenpiercing oder einem Tattoo, sondern indem sie mit dem Gedanken spielt, sich bald einmal fortzupflanzen. Die übliche Reaktion: Um Gottes willen, sie solle doch erst einmal leben! So zu denken ist uns in unserer Kultur zu einer selbstverständlichen Gewohnheit geworden. Wenn man erst einmal Kinder hat, ist es mit dem Leben vorbei. So ist das nun mal.

Wie ungewöhnlich diese Einstellung ist, fällt einem erst auf, wenn man gedanklich einen großen Schritt zurück macht und wie aus einer zeitlichen Vogelperspektive auf die Menschheitsgeschichte schaut. Wir sind mit ziemlicher Sicherheit die erste und einzige Kultur, bei der die Fortpflanzung eines Menschen, der seit mindestens sechs Jahren dazu in der Lage ist, gesellschaftlich auf breite Ablehnung stößt. Dennoch scheint uns diese Denkweise bereits in Fleisch und Blut übergegangen zu sein. Wie ist es dazu gekommen?

Auch dieses Thema führt tief in die mythische Welt des Feminismus hinein. Verborgen, scheinbar unerreichbar, aber doch unendlich verlockend schimmert er hinüber in die Welt der Sterblichen: der Heilige Gral der Selbstverwirklichung. Laut amtlicher Mythologie ist er nur auf einem einzigen schmalen Pfad zu erreichen, nämlich durch die reine Hingabe an die Wonnen der Berufstätigkeit und die daraus resultierende Karriere, die nach wackerem und siegreichem Kampf gegen die Hüter der gläsernen Decken schließlich zum Königspalast – dem Vorstandsvorsitz – führt. Der Weg zum Heiligen Gral ist lang und enthält viele Prüfungen. Die schwierigste davon ist, der Falle der Finsterlinge zu entrinnen, die da heißt „Haushalt und Kinder". Auf den ersten Blick sieht die nämlich nett und heimelig aus, leuchtende Kinderaugen, ein behagliches Ambiente und gutes Essen führen die Heldin in Versuchung – aber wenn sie den Heiligen Gral erreichen will, muss sie jetzt standhaft sein. Denn wenn die Falle einmal zugeschnappt hat, warten der Legende nach nur noch sklavenartige, minderwertige Arbeit, Ausbeutung und Verkümmerung der Persönlichkeit auf sie, bis das bedauernswerte und armselige Endstadium erreicht ist, das da den Namen „Hausmütterchen" trägt.

Die Begriffe „sklavenartig" und „minderwertig" klingen übertrieben, wurden mir gegenüber in einschlägigen Diskussionen aber nicht nur einmal verwendet, können also in diesem Zusammenhang als authentischer O-Ton angesehen werden.

Interessant ist in diesem Zusammenhang zunächst einmal Folgendes: Wer stellt solche Behauptungen auf und auf der Grundlage welchen Erfahrungshorizontes? Sind es lebenserfahrene ältere Persönlichkeiten, die selber Kinder großgezogen haben und auch berufstätig waren, sodass sie aus eigener Erfahrung diese beiden Bereiche vergleichen können? Dies muss man eindeutig verneinen: Der Großteil der feministischen Theoretikerinnen war und ist kinderlos. Sie kennen das Thema Elternschaft in der Außensicht und aus ihrer eigenen ideologischen Theorie. Wie es wirklich ist und was es bedeutet, Mutter oder Vater zu sein, davon haben sie ziemlich genau überhaupt keine Ahnung. Es gibt einfach Bereiche, deren tiefere Bedeutung sich nur dem erschließt, der es selbst erlebt und durchlebt. Ein Eunuch wird auch nie verstehen, was an Sex so Besonderes sein soll.

In der Praxis wird mit dem Begriff „Selbstverwirklichung" ein ziemlich egozentrierter Lebenswandel beschrieben. Wenn es zu einer Partnerschaft zweier Selbstverwirklicher kommt, dann ist das eher ein paralleles und locker assoziiertes Leben als eine tiefgreifende symbiotische Gemeinschaft. Beide suchen das Lebensglück durch berufliche Karriere und dadurch ermöglichten Konsum unabhängig voneinander. In der verbleibenden Zeit wird etwas Gemeinsamkeit aufgebaut, die aber jederzeit leicht wieder auflösbar ist. Im Prinzip ist an so einem Lebenskonzept nichts auszusetzen, und es gibt sicher Menschen, die so zu einem erfüllten Leben finden. Dennoch glaube ich, dass es nicht sinnvoll ist, diesen Lebensstil als den allein glücklich machenden zu propagieren. Nüchtern biologisch betrachtet ist der Homo sapiens ohne Zweifel eine hochgradig soziale Tierart, deren Bedürfnisse auf verlässliche Gemeinschaften ausgelegt sind. Von daher kann man davon ausgehen, dass die Mehrzahl der Menschen kein Lebensglück findet, wenn sie ihr Leben als Egotrip anlegt. Nach Viktor Frankl braucht der Mensch im Innersten seines Wesens einen für ihn erkennbaren Sinn für sein Dasein, um daraus Kraft und Lebensmut zu schöpfen. Dieser Sinn muss für ein soziales Lebewesen über die eigenen Egointeressen hinausreichen. Die Tatsache, dass eine Gesellschaft, die seit Jahrzehnten auf Selbstverwirklichung als Lebenssinn setzt, immer mehr im Sumpf psychischer Erkrankungen versinkt, spricht dafür, dass Viktor Frankl wohl nicht ganz unrecht hatte.

So ein Lebenssinn kann natürlich sehr unterschiedlich aussehen, aber für viele Menschen ist das Gründen einer Familie inklusive Kindern schon mal ein großer Schritt in diese Richtung. In diesem Zusammenhang sind Kinder ein großer Luxus: solange sie betreuungs- und schutzbedürftig sind, ist man als Elternteil fast immun gegen Sinnkrisen, dafür hat man dann ja auch gar keine Zeit. Insgesamt ist eine gute Balance zwischen dem Durchsetzen von Egointeressen und dem Aufgehen in einer Gemeinschaft für die meisten Menschen sicher besser als der reine Selbstverwirklichungstrip.

Was die angeblich minderwertige Tätigkeit der Kinderbetreuung angeht, ist es natürlich so, dass man als Mutter oder Vater wirklich viele Dinge zu tun hat, die nicht sehr spannend sind und die sich oft wiederholen. Stillen, Windeln wechseln, auf den Arm nehmen, Wäsche waschen, später dann Kleinkinder anziehen und ausziehen, mit ihnen aufs Klo gehen, Essen machen, immer wieder die gleichen Regeln erklären, immer wieder die gleichen Diskussionen führen, noch später dann Fahrdienste zu diversen Locations (Kindergarten, Schule, Freunde, Turnverein), Lernhilfe und so weiter. Während der Pubertät dann als allgemeiner Reibebaum und Prellbock herhalten und sich von hormongebeutelten Youngstern verachten zu lassen soll auch nicht immer lustig sein.

Aber: Welcher Beruf hat nicht auch frustrierende und sich immer wiederholende Komponenten? Und: Die Natur ist ungleich raffinierter als menschliche Ideologien. Wenn ein Lebewesen die Dinge ausführt, für die es biologisch geschaffen wurde, werden Belohnungsmechanismen aktiviert. Meist bedeutet das ganz simpel, dass Hormone ausgeschüttet werden und sich das Lebewesen einfach gut oder sogar euphorisch fühlt. Wer Kinder großzieht, bei dem wirken eine Vielzahl von biologischen Belohnungsmechanismen: Haben Sie schon mal eine Mutter oder einen Vater gesehen, der oder die das erste Mal sein neugeborenes Kind in den Arm nimmt? Solche magischen Momente vergisst man nie. Bekannt ist auch das Kindchen-Schema. Die Natur hat unsere Wahrnehmung so beschaffen, dass wir die Körperproportionen eines Babys extrem niedlich finden und positive Emotionen entwickeln, wenn wir sie sehen oder gar auf den Arm nehmen. Mutter Natur spendiert einen netten Hormoncocktail als Begleitmusik, daher fühlen wir uns dabei ganz ausgezeichnet. Bei Frauen werden Wohlfühlhormone wie Oxytocin ausgeschüttet, wenn sie einen Säugling stillen.

Selbst der hefig-süßliche Geruch von Säuglingen ist großartig. Weibliche Wohlfühlhormone, die beim Schreiben einer E-Mail ausgeschüttet werden, konnten medizinisch noch nicht nachgewiesen werden.

Später freut man sich über alles, was die Kleinen lernen. Man hat einen Vorwand, wieder Eisenbahn zu spielen oder „Asterix und Obelix" zu lesen. Beim Vorlesen entdeckt man Astrid Lindgren und Mark Twain neu, und was macht mehr Spaß, als mit Sechsjährigen Indianer, Verstecken oder Fangen zu spielen oder ein Lagerfeuer mit Stockbrot zu machen? Und schließlich: Wie gut es sich anfühlt, wenn die eigenen Kinder das Leben anpacken und langsam ihren Platz in der Gesellschaft finden und einnehmen, kann niemand nachvollziehen, der das nicht selbst erlebt hat. Auch bei alten Menschen: Wie oft habe ich mit meiner Großmutter besprochen, was wir mit ihren Möbeln machen werden, wenn sie mal nicht mehr ist. Hätte ihr ja eigentlich vollkommen egal sein können. War es aber nicht. Biologisch betrachtet ist es klar, dass bei einem Nesthocker-Lebewesen wie dem Homo sapiens die Betreuung des Nachwuchses in Summe befriedigend sein muss, sonst wäre er schon lange ausgestorben.

Auch die Statistik spricht gegen den feministischen Selbstverwirklichungsmythos. Eltern haben beispielsweise eine deutlich höhere Lebenserwartung als Menschen ohne Kinder. Eine norwegische Studie zeigte, dass die Wahrscheinlichkeit, im Alter zwischen 45 und 68 Jahren zu sterben, bei Müttern von mindestens zwei Kindern um 50 Prozent und bei Vätern um 35 Prozent geringer ist als bei kinderlosen Frauen bzw. Männern.[59] Und: Frauen haben besonders bei früher Mutterschaft ein um rund 70 Prozent geringeres Brustkrebsrisiko[60] sowie generell eine deutlich geringere Suizidrate.[61]

Vertreterinnen des orthodoxen Feminismus, die behaupten, Mutter- oder Vatersein wäre eine unqualifizierte Beschäftigung, möchte ich nahelegen, einmal für eine Woche die Verantwortung für ein paar Kinder zu übernehmen. Vielleicht für die Neffen oder Nichten oder Kinder von guten Freunden. Wer das einmal ausprobiert hat, wird nie wieder ohne rot zu werden solche Behauptungen aufstellen. Und: Ein guter Vater oder eine gute Mutter zu sein ist noch etwas anderes als eine einwöchige Aushilfe. Erfahrungsgemäß machen es sich die Aushilfskräfte durch massiven Gebrauch von Süßigkeiten, Computerspielen und anderen „Goodies“ leicht.

In Summe macht die Selbstverwirklichungsideologie einen einseitigen Eindruck. In der Realität passt sie für manche Menschen, für andere jedoch nicht. Schwierig wird es für die, die erst in ihrer Lebensmitte herausfinden, dass diese verzerrte Sichtweise sie in die Irre geführt hat und dass der Beruf kein magisches Glückselixier ist. Da ist aber besonders für Frauen der Zug zur Familiengründung oft schon abgefahren oder nur noch mit aufwendigen und nicht sonderlich romantischen Methoden der Reproduktionsmedizin auf den letzten Drücker erreichbar – Torschlusspanik ist trotz aller Fortschritte im Gender-Mainstreaming immer noch eine weibliche Disziplin. Und sie steht nicht gerade in dem Ruf, besonders förderlich für die Selbstverwirklichung zu sein.

Neue Männer braucht das Land!

Schon in den 1980er-Jahren hat die Rocksängerin Ina Deter lauthals gefordert: „Ich sprüh's an jede Wand: Neue Männer braucht das Land!", und sie stellte auch gleich klar: „Tolle Frauen hat das Land!" Seitdem wurde und wird er fieberhaft gesucht: der neue Mann.[62]

Aber wo findet die neue Frau ihren neuen Mann? Nach mehr oder weniger langer Suche stellt sie fest, dass er in fertiger Form so nicht verfügbar ist. Also startet sie mit dem am wenigsten ungenügenden Exemplar, das für sie in Reichweite ist, eine Beziehung. Und dann beginnt der lange Weg der Umerziehung. Angefangen beim allseits beliebten Toilettentraining über ausgiebig und regelmäßig über Gefühle sprechen, Ich-Botschaften senden, keine Socken herumliegen lassen und selbst beim Fußballschauen ein gesittetes Vokabular verwenden bis zur hohen Schule des krümelfreien Keksessens auf der Wohnzimmercouch. Und nach einem anstrengenden Tag auf keinen Fall schweigend Xbox spielen, sondern für ausgiebige Kommunikation zur Verfügung stehen und im Haushalt halbe-halbe machen. Was natürlich auch ganz wichtig ist: Beim Sex soll er eine ansprechende Performance bieten. Denn sexuelle Erfüllung gehört selbstverständlich zu den Kernanforderungen der modernen Frau.

So weit klingt das Anforderungsprofil an den „neuen Mann" ja durchaus schlüssig und plausibel. So einer sollte eigentlich in keinem guten Haushalt fehlen. Leider ist das Profil biologisch betrachtet nicht besonders realistisch. Der Stoff, der dem Mann im Schlafgemach zu Höchstleistungen verhilft, hat nämlich ein paar gravierende Nebenwirkungen. Testosteron steigert nicht nur den sexuellen Antrieb, sondern auch die Aggressivität und Dominanz. Die Natur war nun mal so eigensinnig, dass tendenziell die aggressiven

Männchen diejenigen sind, die in der Hierarchie oben stehen und die gleichzeitig auch am triebhaftesten sind. Die Zeitungen und auch die Geschichtsbücher illustrieren diese einfache Tatsache auf farbenfrohe Art und Weise. Das passt „zufällig" gut mit der Tatsache zusammen, dass eben diese Männer auch beim weiblichen Geschlecht ganz gut ankommen. Das Ideal des im Bett triebhaften, sonst aber braven und empathischen Kuschel-Softies ist im Rahmen der momentan verfügbaren menschlichen Biologie schlicht und einfach schwer machbar.

Das Dilemma für die Männer ist dabei, dass diese und ähnliche weiblichen Forderungen durch die einseitige mediale Darstellung als normal und gerechtfertigt erscheinen und viele Männer gar nicht auf die Idee kommen, dass sie nicht angemessen sein könnten. Wir Männer sind eindeutig in der Defensive. Es gibt also für den modernen Mann im Wesentlichen drei Strategien, die zur Auswahl stehen:

1. Er täuscht den sich freudig der Erziehung unterwerfenden Softie vor.
2. Er täuscht den starken Mann im Bett vor.
3. Er bleibt einfach er selbst und riskiert damit das Scheitern der Beziehung in der Rolle des Hauptschuldigen.

Wie immer, wenn sich ein Homo sapiens in einem Dilemma wiederfindet, ist das Resultat meist eine Art Durchwurschteln mithilfe einer persönlich passenden Kombinationsstrategie, hier oft einer Mischung aus Variante 1 und 2.

Das Ganze ist für den Mann auf Dauer anstrengend. Im beruflichen Umfeld müssen viele eine mehr oder weniger künstliche Rolle spielen, daher hat man gern im privaten Umfeld einen Bereich, wo man einfach authentisch man selbst sein kann, ohne sich ständig kontrollieren zu müssen. Nur so kann man wirklich entspannen und sich regenerieren. Wenn es irgendwann zu viel wird und der Mann die von oben herab vorgetragene Erziehung endgültig satt hat, kann sich der aufgestaute Frust explosionsartig entladen, was dann wiederum für den weiblichen Beziehungspartner überraschend kommt. Was hat der Bärli nur auf einmal?

Wenn das Vortäuschen einer gewünschten Persönlichkeit über Jahre geht, weiß der Mann irgendwann gar nicht mehr, welcher Teil seiner Persönlichkeit um des Beziehungsfriedens willen gespielt ist und welcher echt. Er kommt sich selbst zunehmend abhanden.

Zusätzlich ist es nach wie vor in den meisten Fällen seitens der Partnerin und der Kinder nicht unerwünscht, wenn der Mann materielle Wünsche erfüllen kann. Um hier zu punkten, muss er aber viel arbeiten und im Beruf Alphatier-Qualitäten kultivieren. Er will sich ja durchsetzen und die nächste Sprosse auf der Karriereleiter erklimmen.

Wenn er dann wirklich viel arbeitet, ist er ein Egoist, der sich auf Kosten der seelischen Befindlichkeit von Frau und Kindern hemmungslos beruflich selbst verwirklicht. Und Alphatier geht zu Hause gar nicht. Wenig verdienen soll er nicht und will er nicht, viel arbeiten soll er aber auch nicht. Und er muss vom dynamischen Anführer im Beruf auf Knopfdruck umschalten können zum privaten „sanftmütigen Kuschel-Bärli“. Kurz: Das schizophrene Genie ist gefragt. Bei Bedarf männlich dominant, dann wieder eher unterwürfig und im Beruf so unglaublich gut, dass er viel Geld verdient, ohne dafür viel arbeiten zu müssen.

Die neue Frau arbeitet tagsüber eifrig daran, ihren Mann seelisch zu kastrieren. Im Bett ist sie dann frustriert darüber, dass ihr braver Sitzpinkler nicht plötzlich zum feurigen Hengst mutiert, sondern ein zahmer Plüschdackel bleibt. Und heimlich schmilzt sie dann bei der Lektüre von „50 Shades of

Grey" dahin. Schuld an allem ist natürlich – er. Er ist eben noch nicht der neue Mann.

Das Ideal des „neuen Mannes" ist sowohl für die Frau als auch für den Mann ein Quell dauerhafter Frustration. Sie ärgert sich, dass ausgerechnet sie so ein rückständiges Exemplar abbekommen hat, und für ihn ist das dauerhafte Vorspielen einer imaginären Persönlichkeit und die ständige Erziehung kräfteraubend und nervtötend.

Wenn der Mann keine starke Persönlichkeit hat, wird er zusätzlich Selbstwertprobleme bekommen – weil er spürt, wie unendlich weit er in Wirklichkeit von dem geforderten Ideal entfernt ist.

Es zieht sich wie ein roter Faden durch die feministische Ideologie, dass die Natur des Menschen, so wie sie nun einmal ist, nicht nur nicht berücksichtigt, sondern einfach am Reißbrett neu definiert wird. Die wirkliche Natur des Menschen ist nicht neu, sondern uralt, und sie ist paradox: Wenn er sich mit aggressiv vorgetragenen Forderungen und bornierter Kritik konfrontiert sieht, wird er sich gerade nicht in die gewünschte Richtung entwickeln, sondern mit einer ebenso destruktiven Aggression gegen die Partnerin oder auch sich selbst antworten.

Wenn er aber das Gefühl bekommt, okay zu sein, so wie er ist, oder sogar geliebt zu werden, wird er sich mit Leichtigkeit und ganz selbstverständlich im Rahmen seiner Möglichkeiten weiterentwickeln und entfalten.

Die Graffiti-Kunst von Ina Deter fängt an abzublättern. Vielleicht kommt dabei ja hier und da ein älterer Slogan zum Vorschein: „Make love, not war!"

Die Venus von Willendorf als paläolithische Urfeministin

Jede ideologische Bewegung, die etwas auf sich hält, braucht ihre eigene Form der Geschichtsdeutung. Daher überrascht es nicht, dass auch die Feministinnen ihre ganz spezielle Sichtweise auf das Treiben unserer Vorfahren und natürlich besonders unserer Vorfahrinnen entwickelt haben. Dabei wird besonderer Wert auf die matriarchalische Epoche gelegt, die es in der Zeit vom Jungpaläolithikum bis zum Neolithikum gegeben haben soll, also in Mitteleuropa beginnend ca. 40.000 v. Chr. bis ca. 2.000 v. Chr. In dieser matriarchalischen Epoche soll das Leben von Frieden und Harmonie geprägt gewesen sein, weil Frauen an der Macht waren. Fundstücke, wie die berühmte Venus von Willendorf, die ca. 25.000 v. Chr. geformt wurde, werden dazu passend als Abbilder weiblicher Gottheiten interpretiert.

Diese These wird unter Experten durchaus kontrovers diskutiert und es gibt nur wenige gesicherte Erkenntnisse. Man weiß nicht viel darüber, wie zu dieser Zeit die Gesellschaft wirklich funktionierte. Ohne schriftliche Überlieferungen, nur auf Basis von Gegenständen, menschlichen Überresten und Zeichnungen auf eine Gesellschaftsordnung zu schließen, ist nicht einfach und fehleranfällig. Gesichert ist, dass seit den 1980er-Jahren zahlreiche aus dieser Zeit stammende Überreste von Menschen gefunden wurden, die äußerst unsanft von anderen Menschen ins Jenseits befördert wurden, sodass die These der Friedfertigkeit als eindeutig widerlegt betrachtet werden kann. Mehrere Funde deuten auf geradezu massakerartige Bluträusche hin.

Grundsätzlich ist eine Portion Skepsis immer angebracht, wenn Leute, die sich selbst eindeutig ideologisch einordnen und darauf großen Wert legen, eine eigene Art der Geschichtsdeutung vorlegen. Sie weisen einen freundlicherweise selbst auf ihre eigene Nichtobjektivität hin. Und diese eine Tatsache steht historisch wirklich außer Streit: Bei ideologisch motivierter Geschichtsauslegung ist in der Vergangenheit nicht viel Sinnvolles herausgekommen.

In diesem Zusammenhang dürfte es auch kein Zufall sein, dass man sich für ideologisch gefärbte Geschichtsdeutungen gern frühgeschichtlicher Epochen bedient, aus denen es keine schriftlichen Überlieferungen gibt. Das eröffnet die Möglichkeit, auf kreative Art und Weise passende Gesellschaftsstrukturen und Geschichten in die spärlichen Fundstücke hineinzuinterpretieren. Diese Theorien sind dann zwar nicht beweisbar, dafür aber auch nur schwer zu widerlegen.

Die Venus von Willendorf nachträglich quasi zur Urfeministin zu erklären, ist auf jeden Fall gewagt. Sie weist, ebenso wie andere vergleichbare Funde, einen Körperbau mit einer extrem ausladenden Hüft- und Gesäßpartie und einem sehr üppigen Busen auf. Ihr Body-Mass-Index war nach heutigen Kriterien eindeutig nicht im optimalen Bereich. Rein äußerlich erscheint es eher plausibel, dass hier das nährende und lebensspendende mütterliche Prinzip verehrt wurde, also gerade das, was Feministinnen nicht so gern betonen möchten. Und es wäre durchaus denkbar, dass es sich bei diesem Fundstück nicht um die Darstellung einer Gottheit, sondern um einen einfachen Kunstgegenstand ohne tiefere Bedeutung handelt, also um so etwas wie eine steinzeitliche Nippesfigur.

Selbst wenn es diese matriarchalische Epoche in der menschlichen Frühgeschichte gegeben hat, in der die Machtverhältnisse vielleicht andere waren und auch Vererbungslinien weiblich gewesen sein könnten, die traditionelle Rollen- und Aufgabenaufteilung zwischen Männern und Frauen war mit Sicherheit auch während dieser Phase nicht außer Kraft gesetzt.

Man kann also festhalten, dass die sagenumwobene Urfeministin, die Venus von Willendorf, mit ziemlicher Sicherheit ein pseudowissenschaftliches Fabelwesen ist, das für ein paar

Jahrzehnte in dichtem ideologischem Nebel schemenhaft Gestalt angenommen hat, um sich bald mit dem Nebel wieder in Luft aufzulösen.

Die tapfere Antifaschistin

„Wo alle dasselbe denken, wird nicht viel gedacht."

Kurt Tucholsky

In der Mythologie ist die Welt noch in Ordnung: Die Figuren sind entweder richtig gut oder richtig böse, diese lästigen Grautöne kommen einfach nicht vor. Radikale Ideologen und Ideologinnen egal welcher Couleur sehen die Welt in Schwarz-Weiß, wie einen Holzschnitt. In der Hochphase des Feminismus wurden Kritiker an der reinen Lehre dementsprechend schnell und unkompliziert als Sympathisanten des Nationalsozialismus entlarvt – und das unabhängig davon, ob es einen Realitätsbezug hatte oder nicht. Entweder offen und dezidiert, oder auch unterschwellig, indem in der Diskussion eindeutig vorbelastete Vokabeln wie „Mutterkreuz" fallen gelassen wurden. Unterschwellig schwang da auch eine gewisse Heroisierung der eigenen Bewegung mit: Man sah sich als tapfere Kämpferinnen gegen das absolut Böse und Gefährliche.

Konkret wird der Vorwurf einer nationalsozialistisch inspirierten Weltsicht meist daran festgemacht, dass Kritiker des radikalen Feminismus diesen in Widerspruch zur Biologie des Menschen sehen. Hier zieht man eine Parallele zu nationalsozialistischen Ideologien, die gern von der „Natur" des Menschen sprachen und die Zunft der Biologen zur Begründung obskurer Rassentheorien drängten. Auch die Lehren von Charles Darwin[63] wurden von den Nazis in verzerrter und verstümmelter Form als Sozialdarwinismus benutzt, um völkerrechtswidrige

Angriffskriege und größenwahnsinnige Expansionspläne als quasi einem Naturgesetz geschuldete Notwendigkeiten darzustellen.

Bevor man solche gravierenden Vorwürfe wie den der nationalsozialistischen Gesinnung macht, sollte man eine wichtige Unterscheidung treffen: nämlich die zwischen nationalsozialistischer Ideologie und Programmatik einerseits und den zu ihrer Durchsetzung verwendeten Hilfsmitteln andererseits. Letztere waren Mittel zum Zweck und nicht eigentliches Programm. Eines dieser Hilfsmittel war die Biologie.

Daraus zu schließen, dass die Erforschung der Natur des Menschen per se nationalsozialistisch sei, ist sachlich nicht begründbar. Das Interesse des Menschen an der ihn umgebenden Natur und an sich selbst ist eine grundlegende Eigenschaft des Menschseins und entspringt einerseits der natürlichen Neugierde des Homo sapiens und andererseits der Tatsache, dass sich daraus medizinische Fortschritte ableiten lassen und man sich von Selbsterkenntnis die Möglichkeit zu einer besseren Lebensführung erhofft. Schon vorzivilisatorische Naturvölker interessierten sich für die Natur des Menschen, die alten Griechen und die Römer taten es, und während des europäischen Mittelalters gelangte die Erforschung der menschlichen Natur im muslimisch-arabischen Raum zur Blüte.

Die Humanbiologie war schon lange vor der nationalsozialistischen Machtergreifung ein wichtiger Teil der Naturwissenschaften, und auch nach 1945 wurde sie, bereinigt von ideologisch motivierten Rassentheorien, fortgesetzt. Während meiner Zeit in der Hamburger Umwelt- und Naturschutzszene habe ich persönlich viele Biologen und angehende Biologen und Biologinnen kennengelernt, die überwiegend links-alternativ eingestellt waren. Auch während meiner Unizeit ist mir kein einziger rechtsnationaler Biologe über den Weg gelaufen. Letztlich basieren ja auch die schulmedizinische ärztliche Kunst inklusive der Psychiatrie sowie die Psychologie auf der Erforschung der

Natur des Menschen. Nach feministischer Deutung müssten also eigentlich auch alle Ärzte und Psychologen verdächtig sein.

Naturwissenschaftliche Theorien und Erfindungen, wie z. B. die Evolutionstheorie von Charles Darwin, sind moralisch weder „gut“ noch „schlecht“. Wissen ist zunächst einmal einfach ein Vorteil, den man hat oder auch nicht. Moralisch gut oder schlecht kann dann das sein, was die Menschen mit diesem Wissen anstellen. Mithilfe der Gentechnik wird heute beispielsweise Insulin für Diabetiker hergestellt, aber auch biologische Massenvernichtungswaffen. Mit dem Ottomotor kann man zivile Autos antreiben, aber auch Kampfpanzer, und mit der sehr alten Erfindung des Messers, mit dem man Brot schneiden kann, wurden in der etwas längeren Ausführung des Schwertes unzählige Menschen getötet. Dennoch würde niemand ernsthaft jemanden moralisch verurteilen, der in der Küche mit einem Messer hantiert, weil das ja im Prinzip auch ein Mordinstrument ist. Und die Erkenntnisse von Charles Darwin kann man zum Verständnis der Natur und auch zum besseren Verständnis des Menschen als Teil der Natur verwenden oder in pervertierter Form als „Sozialdarwinismus“ zur Rechtfertigung von kriegerischer und menschenverachtender Politik. Daran ist dann aber nicht Darwin und auch nicht seine Theorie schuld. Charles Darwin war ein gläubiger Christ und hätte den Missbrauch seiner Erkenntnisse sicher nicht für gut befunden.

Die Fehlinterpretation der Lehren Charles Darwins hängt auch mit der gern verwendeten Kurzformel „survival of the fittest“ zusammen, die ursprünglich gar nicht von Darwin stammt. Aus dieser Kurzformel entsteht oft die Assoziation, dass das biologische Daseinsziel darin besteht, groß und stark zu sein und alle anderen brutal niederzukämpfen, sowohl als Einzelindividuum als auch – beim Sozialdarwinismus – als ganzes Volk. Diese plumpe und eindimensionale Darstellung wird Darwins Theorie nicht gerecht und passt auch nicht zum heutigen Stand der Evolutionsforschung. Heute wird diese Formulierung von Fachleuten kaum noch verwendet, man spricht eher von den am besten an die Umweltbedingungen angepassten Individuen, die sich evolutionär durchsetzen, indem sie die meisten und überlebensfähigsten Nachkommen haben. Und diese Anpassung kann je nach Umweltbedingung auch in Formen der Symbiose bestehen, also in einem Miteinander, oder es können Umweltbedingungen auftreten, bei denen die Größten und Stärksten im Nachteil sind und sich eher kleine und wendige Individuen durchsetzen. Eine umfassende und aktuelle Beschreibung der evolutionären Grundlagen des Menschseins gibt Axel Meyer in seinem Buch „Adams Apfel und Evas Erbe".[64]

So wie man in Nord- und Mitteleuropa zur Gleichmacherei neigt, und das als Anti-Faschismus lobt, so anfällig sind exkommunistische Länder in Ost- und Südosteuropa für antikommunistische und rechtsnationale Bewegungen. Durch die Vorsilbe „anti" wird jedoch aus einem Radikalismus nicht automatisch etwas Vernünftiges, sondern ein entgegengesetzter Radikalismus.

Es ist an der Zeit, die „antifaschistischen" Reflexe bezüglich der Humanbiologie zu überwinden. Wenn politische Korrektheit dazu führt, dass sehr gut abgesicherte Ergebnisse der Biologie und der Gehirnforschung reflexartig in die Schublade „rechts" gesteckt werden, dann dämmt man damit keineswegs die rechtsnationalen Bewegungen ein, sondern gibt ihnen die Möglichkeit, sich als wissenschaftlich fundiertere und damit seriösere Alternative zu traditionellen Parteien darzustellen. Mit diesen Rede- und Denkverboten machen wir uns kleiner, enger und spießiger als notwendig – es ist eine neue Form der Vergartenzwergung des Denkens, diesmal mit linken Vorzeichen. In der Pose der moralischen Überlegenheit wird hier an einer tragenden Säule unserer Demokratie gesägt: dem offenen und vor allem kontroversen Diskurs, für den nun einmal mindestens zwei mögliche Meinungen notwendig sind.

Über das Ziel geschossen

Die feministische Bewegung hat ohne Zweifel die Gesellschaft offener gemacht und für uns alle mehr Möglichkeiten zur Gestaltung des eigenen Lebensweges erkämpft. Im Eifer des Gefechts wurde dabei in einigen Bereichen weit über das ursprüngliche Ziel hinausgeschossen.

Kinder als Störfaktoren

Wer sich schon einmal mit Neugeborenen befasst hat, weiß, dass sie kognitiv zwar noch nicht sehr leistungsfähig sind, dafür aber äußerst sensibel die Stimmung in ihrer Umgebung wahrnehmen. Wenn nun in einer Familie die Grundhaltung besteht, dass Kinder gegenüber der beruflichen Karriere eine geringere Priorität haben oder gar als Hindernis gesehen werden, dann spüren diese Kinder deutlich: „Ich bin eigentlich gar nicht erwünscht. Ich bin nicht wertvoll. Ich behindere meine Eltern bei der Erreichung ihres Lebensglücks."

De facto herrscht in Familien, die feministisch beeinflusst werden, ein knallharter Machtkampf zwischen den Eltern: Der Verlierer muss sich um die Kinder kümmern. Was er dann mit der entsprechenden „Begeisterung" auch tun wird. Aber auch bei vielen Paaren, die sich selbst überhaupt nicht als feministisch einstufen würden, ist heutzutage völlig klar, dass die Karriere für beide Partner das Wichtigste ist und die Kinder halt irgendwie auch noch da sind. Das Streben nach der beruflichen Selbstverwirklichung als wichtigstem Lebenssinn ist tief in unser kollektives Bewusstsein eingepflanzt worden. So wachsen viele Kinder mit einem schweren Mühlstein um den Hals auf. Sie sind schuld daran, dass ihre Mütter oder auch Väter auf ihre berufliche Karriere und damit auf ihre Selbstverwirklichung zumindest teilweise verzichtet haben. Und je nach menschlicher Reife lassen die jeweiligen Eltern bewusst oder unbewusst ihre Kinder diese Schuld täglich spüren. In Bemerkungen, Vorwürfen oder indirekt durch die Art ihrer Kommunikation und ihres Verhaltens den Kindern gegenüber.

Natürlich kann man den Männern an dieser Entwicklung eine Mitschuld geben. Wenn aber die gesellschaftliche Grundstimmung vorherrscht, dass Kindererziehung eine minderwertige Tätigkeit ist, dann ist die Erwartung, dass Männer mit Begeisterung ihre traditionellen Aufgabengebiete aufgeben und sich um die Kinder kümmern, nicht sehr realistisch. Dazu kommt, dass Männer, insbesondere bei der Betreuung von Säuglingen, biologisch gesehen in den meisten Fällen ganz klar die zweite Wahl sind. Zu argumentieren, dass Frauen aufgrund ihrer Soft Skills in den Führungsetagen von Firmen besser als Männer sind, aber beide gleich gut mit Babys umgehen können, gehört in die Kategorie des absurden Ideologietheaters.

Eine Ideologie, die Kinderbetreuung deutlich abwertet und das Wort „mütterlich“ zu einer Beleidigung macht, wird uns als Gesellschaft in keine gute Zukunft führen, selbst wenn man das Leben rein unter dem Aspekt der eigenen Vorteilsoptimierung, quasi betriebswirtschaftlich, betrachtet. Denn: Wenn wir alt sind, werden unsere Kinder uns so behandeln, wie wir sie als Kinder behandelt haben. Es ist kein Zufall, dass sich auch immer mehr alte Menschen wie Störobjekte vorkommen.

Die unheile Familie

Stellen Sie sich vor, Sie beginnen einen neuen Job bei einer kleinen Firma. Stellen Sie sich weiter vor, dass die Firma folgendermaßen organisiert ist:

Es gibt keine definierten Aufgabengebiete und Zuständigkeiten. Jeder ist grundsätzlich für alles zuständig und muss auch alles können. Kompetenzaufbau durch Spezialisierung wird als rückständig angesehen und ist streng verboten. Die Hälfte aller notwendigen Tätigkeiten wird grundsätzlich als minderwertig gebrandmarkt. Wer welche Aufgaben erledigt, wird laufend ausverhandelt. Klare Entscheidungsstrukturen existieren nicht: Bei jeder Entscheidung müssen sich zwei Personen einigen. Wenn keine Einigung möglich ist, müssen sie so lange streiten und verhandeln, bis einer genervt aufgibt oder ein Kompromiss gefunden wird.

Zusätzlich wird ein Dauervertrag mit der renommierten Unternehmensberatung Gender & Co. abgeschlossen. Diese übernimmt das Coaching: Ganz wichtig ist das Ego-Training. Jeder Mitarbeiter soll in erster Linie an sich selbst und seinen persönlichen Vorteil denken, rückständige Geisteshaltungen wie Gemeinschaftsgefühl dürfen gar nicht erst aufkommen.

Würden Sie in so einer Firma arbeiten wollen?

Das aber ist die Realverfassung der politisch korrekten Fifty-fifty-Familie. Hier werden zwar stark die Individualität und die Gleichberechtigung berücksichtigt, sie hat aber einen entscheidenden Nachteil: Sie funktioniert in der Praxis schlecht. Und wer sind die Hauptleidtragenden, wenn Familien zerbrechen? Wieder einmal die Kinder.

Generationenvertrag 2.0 – das große Pyramidenspiel

Seit Anbeginn der Menschheit gilt der Generationenvertrag: Meine Eltern unterstützen und beschützen mich, solange ich noch nicht auf eigenen Beinen stehen kann, dafür unterstütze ich sie, wenn sie nicht mehr auf eigenen Beinen stehen können. Dieser Vertrag ist einer der Gründe, warum sich die Menschen während der ersten 160.000 Jahre der Menschheitsgeschichte fleißig fortgepflanzt haben. Die Rechnung war einfach: Je mehr Kinder man hat, desto besser wird die eigene Altersversorgung sein.

Dieses archaische System bringt gewisse Härten für diejenigen mit sich, die ohne Partner bleiben, sich nicht fortpflanzen können oder wollen oder deren Kinder gestorben sind. Folgerichtig hat der moderne Mensch diesen Generationenvertrag von der familiären auf eine gesamtgesellschaftliche Ebene verlagert. Die Eltern sind nach wie vor für die Versorgung ihrer Kinder zuständig. Sobald die Kinder auf eigenen Beinen stehen, zahlen sie in die allgemeine Pensionsversicherung ein und mit ihren Beiträgen werden die Pensionen der Elterngeneration anonym finanziert. Dieses System funktionierte seit Bismarcks Zeiten gut, solange sich die Menschen in ausreichendem Maß fortpflanzten.

Seit den 1970er-Jahren wird nun von Feministinnen die Kinderbetreuung als nicht selbstverwirklichende Tätigkeit gebrandmarkt. Folgerichtig wollen immer mehr Menschen bewusst keine Nachkommen. Dazu kommen die vielen Menschen, die keine Kinder bekommen, weil sie der Beruf einfach zu sehr vereinnahmt oder die Partnerschaft nicht verlässlich genug ist. All diese Menschen legen ihren Lebensentwurf bewusst oder unbewusst darauf an, dass andere sich schon ausreichend fortpflanzen werden und dass deren Nachwuchs sie dann sowohl finanziell – über die Pensionsbeiträge – als auch pflegerisch und medizinisch mitversorgen wird, wenn sie einmal alt sind.

Auf diese Weise wird unser Pensionssystem zunehmend ungerecht. In meinem Bekanntenkreis habe ich ein Elternpaar, nennen wir es Frau und Herr Meier-Huber, mit sechs Kindern. Frau Meier-Huber war überwiegend nicht berufstätig und hat sich um die Kinder gekümmert, während Herr Meier-Huber sehr intensiv gearbeitet hat, um eine wirtschaftliche Basis für die achtköpfige Familie zu schaffen. Was dieses Elternpaar für die Gesellschaft und die Sicherung der Pensionen ihrer Generation geleistet hat und immer noch leistet, kann sich jemand, der keine Kinder hat, kaum vorstellen. Dennoch wird Frau Meier-Huber von professionellen Frauenbefreierinnen rhetorisch als rückständiges Hausmütterchen abgestempelt. Diese aber sind selbst in der Mehrzahl kinderlos und spekulieren darauf, dass die Kinder von Frau Meier-Huber – gemeinsam mit anderen Kindern überwiegend rückständiger Eltern – einmal ihre Altersversorgung sicherstellen werden.

Würde Frau Meier-Huber ihre sechs Kinder zu einer Tagesmutter schicken und im Gegenzug deren Kinder als Tagesmutter betreuen, könnte sie staatliche Zuschüsse für die Kinderbetreuung bekommen, sich einen Pensionsanspruch erarbeiten und sich den Wonnen der beruflichen Selbstverwirklichung hingeben. Die Frauenministerin würde über eine weitere weibliche Unternehmensgründerin jubilieren, ihre Tagesmutterschaft wäre ja ein EPU – ein Ein-Personen-Unternehmen. Unser Verhältnis zur Kinderbetreuung ist absurd: Die Kinder von anderen betreuen – super! Die eigenen Kinder betreuen – rückständig und minderwertig!

Die kinderlose Feministin dagegen hat ein Einkommen nur für sich alleine. Sie kann eine private Pensionszusatzversicherung abschließen und wird dann während ihrer Pension wohlhabend sein, vielleicht die Welt bereisen oder andere schöne Dinge tun. Herr und Frau Meier-Huber haben ein Einkommen für acht Personen, mit dem sie Wohnen, Essen, Kleidung, Fortbewegung, Freizeitgestaltung, medizinische Versorgung und Ausbildung, vielleicht sogar Urlaubsreisen für alle finanzieren müssen. Die staatlichen Förderungen und Steuererleichterungen decken nur einen Bruchteil der Kosten. Sie können sich keine private Pensionsvorsorge leisten und werden zu zweit nur eine Pension beziehen.

Auch die alleinerziehende Kollegin, Frau Schneider, die halbtags arbeitet, wird von unserem derzeitigen Pensionssystem für ihre Leistungen nicht angemessen belohnt. Frau Meier-Huber und Frau Schneider sind beide Frauen. Wie kommt es, dass eine Bewegung, die sich gern Frauenbefreiung nennt, an ihrer wirtschaftlichen und ansehensmäßigen Benachteiligung arbeitet?

Die tonangebenden Feministinnen haben den Generationenvertrag umgewandelt in eine spezielle Variante des Pyramidenspiels: Dadurch, dass mehr Menschen erwerbstätig wurden und sich weniger Menschen mit Kinderbetreuung beschäftigten, wurde zunächst mehr in die Pensionskassen einbezahlt und die Pensionisten konnten und können sich über einen relativ wohlhabenden Lebensabend freuen. So hat es sich gefügt, dass die Organisatorinnen dieses Pyramidenspiels, die erste Generation aktiver Feministinnen, derzeit so dastehen wie die frühen Teilnehmer bei jedem Pyramidenspiel: Es läuft für sie ganz ausgezeichnet. Aber wie bei jedem Pyramidenspiel steht das Ende immer schon von Anfang an fest. Wenn erst einmal die Bevölkerungspyramide gründlich auf den Kopf gestellt wurde und auf jeden aktiven Erwerbstätigen immer mehr Pensionisten kommen, wird die Altersversorgung immer schlechter werden. Im Moment kommt in Österreich auf drei Erwerbstätige ein Pensionist. Schon in 20 Jahren wird jeder Pensionist von zwei Erwerbstätigen zu erhalten sein.[65]

In anderen Bereichen sind wir konsequent für das Leistungsprinzip: Wer viel leistet, soll auch viel vom Kuchen abbekommen. Bei den Pensionen wird von den beiden notwendigen Säulen, den gezahlten Beiträgen und den erzogenen Kindern, nur eine Säule honoriert. Das hat mit Gerechtigkeit nicht mehr viel zu tun.

Diese Thematik zeigt gut die Lage im sogenannten Geschlechterkampf auf: Selbstverständlich ist es eine große Errungenschaft, dass man heute den eigenen Lebensentwurf frei wählen kann. Noch vor wenigen Jahrzehnten wurden Paare, die – aus welchen Gründen auch immer – kinderlos waren, gesellschaftlich stigmatisiert und unter Druck gesetzt. Aber: Man ist – wie in anderen Bereichen – weit über das ursprüngliche Ziel hinausgeschossen. Durch die intensive Bewerbung der angeblich nur im Beruf möglichen Selbstverwirklichung und die materielle Bevorzugung des kinderlosen Lebensentwurfes wird die Zukunftsfähigkeit unserer Gesellschaft und unseres Sozialsystems gefährdet. Das nützt niemandem. Langfristig werden wir deshalb nicht darum herumkommen, das Pensionssystem an die neuen Bedingungen anzupassen und der Kindererziehung und Familienarbeit sowohl materiell als auch immateriell wieder mehr Wertschätzung entgegenzubringen.

Die gegenderte soziale Gerechtigkeit

Die Verklärung der Erwerbstätigkeit als einzigem Weg zur Selbstverwirklichung hat dazu geführt, dass eine gut bezahlte Stelle pro Familie nicht mehr genug ist, es müssen beide Erwachsenen einen tollen Job haben. Das hat den Kampf um hochwertige Arbeitsplätze härter gemacht und zusätzlich die soziale Schere weiter auseinandergehen lassen: Auf der einen Seite der Gesellschaft ist die Schicht der DINKS (double income, no kids) entstanden, während auf der anderen Seite entsprechend mehr Paare auf der Strecke bleiben und gar kein Erwerbseinkommen mehr erzielen. Während das Leben und Wohnen der einen wie ein trendiger Hochglanzprospekt aussieht, ist bei den anderen Trübsal, Frustration und Hochhausgetto angesagt.

Karrieremäßig sind die DINKS eindeutig in der Poleposition: Sie sind zeitlich und örtlich flexibel einsetzbar und haben auch genug Zeit, um sich nebenbei weiterzubilden. Kinderreichtum und Alleinerziehen werden dagegen zunehmend als Armutsfallen gehandelt. Ausgerechnet die Familien, die am meisten Geld brauchen, leben also besonders oft am Rande des sozialen Absturzes: Jedes Kind kostet bis zu seinem 18. Lebensjahr zwischen 100.000 und 180.000 Euro und durch die für Erziehungsarbeit benötigte Arbeitszeit reduzieren sich die Einnahmen der Familien.[66] Der Verdienstausfall und die Mehrkosten werden durch soziale Transferleistungen und Steuererleichterungen nicht einmal annähernd ausgeglichen. So waren im Jahr 2015 in Österreich 24 Prozent der Familien mit drei und mehr Kindern und 31 Prozent der Familien mit alleinerziehendem Elternteil armutsgefährdet, während die Armutsgefährdung im Bevölkerungsdurchschnitt 14 Prozent betrug.[67]

Die Vermännlichung der Weiblichkeit

Es ist eines der großen Paradoxa unserer Zeit: Die Frauenbewegung propagiert die Stärkung der Weiblichkeit. Wenn man sich jedoch ihre Forderungen und das Auftreten ihrer Protagonistinnen ansieht, so fallen da eher archetypisch männliche Prioritäten auf. Es geht im Wesentlichen um zwei Dinge: Macht (Quotenregelung) und Geld (Gender

Pay Gap). Die größte Schwäche und das größte Leiden des männlichen Geschlechts – die Reduktion des Lebens auf Macht und Geld, Ellenbogen und Luxusauto – jetzt auch in weiblicher Ausgabe.

Wie sieht sie aus, die Idealfrau aus dem feministischen Ideologiehandbuch? Sie ist eine zielstrebige Karrierefrau, den Laptop unter den Arm geklemmt, die sich mit starken Ellenbogen in der Hierarchie bis ganz nach oben kämpft. Flexibel, zäh, durchsetzungsstark. Weniger angesagt sind rückständige Dinge wie Kochen, Sinnlichkeit oder Genuss, so etwas sieht zu sehr nach rückständigem Heimchen am Herd aus. Und, ganz wichtig: Mütterlichkeit ist out, die Zeichen stehen auf Gleichheit von Mann und Frau. Also möglichst wenig Busen oder andere feminine Körperformen. Dieser Trend wurde auch wissenschaftlich nachgewiesen.[68]

Jetzt kommen die Modemacher ins Spiel. Sie machen ihren Job und übersetzen die gerade angesagten gesellschaftlichen Ideale in Farben, Stoffe und Schnitte. Was dabei herauskommt, kann nicht mehr weiter verwundern: Für die toughe Businessfrau eine eher maskuline Mode. Farblich grau oder dunkelblau, kantige Schnitte und Schulterpolster, mindestens knielange Röcke oder Hosen, keine zu hohen Absätze. Geschnitten für dünne Frauen und vorgeführt von dünnen Models, weibliche Formen kommen ja im Moment nicht gut an. Und wenn eine Frau in so eine Mode nicht hineinpasst, ist das ihr Pech. Soll sie halt fleißiger arbeiten und weniger essen. Wer weiß, vielleicht vergnügt sie sich ja heimlich am Herd?

Natürlich werden die neuen Ideale überall in der Öffentlichkeit zur Schau gestellt und der Druck zur Anpassung ist hoch. Wenn frau psychisch robust ist – kein Problem, dann kann sie damit umgehen. Wenn sie vielleicht zu üppigeren Formen neigt und psychisch ein bisschen labiler ist, dann wird gehungert. Und wer ist schuld daran: natürlich die, die immer schuld sind, also die Männer, weil sie sich angeblich magere Frauen wünschen und – die Modeindustrie mit ihrer Werbung, auch wieder Männer. Wenn man jedoch einmal die oberflächliche Sichtweise der Ideologie verlässt, wird schnell klar, dass der derzeitige Magertrend viel mit den Idealen der feministischen Bewegung zu tun hat, die entgegen der öffentlichen Darstellung sehr maskulin sind.

Befreiung zur Unfreiheit

Das Wort Freiheit war und ist im Marketingbereich hoch im Kurs, bekanntlich machen ja sogar Zigaretten frei. Für Ideologen und auch -innen, egal welcher Couleur, ist es aber geradezu unwiderstehlich, weil sie die Menschen damit bei ihrer größten Sehnsucht erwischen. Wer möchte nicht frei sein? In der Tat hat die feministische Bewegung den Frauen – und auch Männern – ganz neue Optionen der Lebensführung ermöglicht. Daher bin ich mir durchaus bewusst, dass die Frage provokant ist: Hat die Frauenbefreiung die Frauen in Summe wirklich freier gemacht?

Mein persönlicher Eindruck ist, dass die Frauenbefreiung nur einen bestimmten Typ von Frau wirklich freier gemacht hat, nämlich den, der nach den Idealen der Frauenbewegung lebt: also karriereorientiert und Kinder und Haushalt so weit wie möglich vermeidend. Was aber ist mit den Frauen, die – aus welchen Gründen auch immer – nicht so leben wollen? Und was ist mit denen, die dem feministischen Imperativ nur gefolgt sind, weil sie nicht unangenehm auffallen wollten, die in Wirklichkeit aber vielleicht lieber anders leben würden?

Die feministische Bewegung schreibt Frauen nicht nur vor, welchen Lebensstil sie zu leben haben, die Vorschriften betreffen auch andere Bereiche – wie z. B. die äußere Erscheinung. Im

Jahr 2012 musste die EU einen für 102.000 Euro produzierten Werbefilm nach einem heftigen Genderproteststurm wieder zurückziehen. Im Rahmen der Kampagne „Science: It's a girl's thing" wollte man die Zielgruppe der Teenager-Mädchen ansprechen und vermitteln, dass auch modische und sexy gekleidete Mädchen Naturwissenschaften cool finden können. Das ging so gar nicht: Frauen in die Technik – ja, aber nur, wenn sie nach Gendervorschrift gekleidet sind. Zu kurze Röcke, zu hohe Absätze, zu viel Lippenstift – das ist inakzeptabel!

Damit sind wir in puncto Bekleidungsvorschriften aber noch nicht am Ende. Es gilt nämlich noch einen besonders heimtückischen Feind zu besiegen – die Farbe Rosa. Diese hat angeblich eine übersinnliche Macht: Sie drängt Mädchen in weibliche Rollenmuster – und macht sie dumm. Mit Aktionen wie der Kampagne „Pinkstinks" wird versucht, diese gefährliche Farbe aus dem weiblichen Kleiderschrank und aus den Spielzeugkisten zu verbannen. Der amtliche Vorschlag der Emma-Redaktion zu diesem Thema – verpflichtende Warnhinweise auf Mädchenspielzeug mit der Aufschrift: „Rosa macht Mädchen dümmer!"

Damit sind wir aber noch lange nicht am Ende des feministischen Katechismus angekommen. Gerade bei Kindern ist das Spielzeug, die Kinderbuchliteratur, die Kinderzimmertapete, die Schultasche, eigentlich das gesamte Lebensumfeld gendersensibel zu wählen. Wehe, der Bub will zum Fasching als Pirat gehen oder die Tochter als Prinzessin. Solche rückständigen Anliegen dürfen nicht unterstützt werden.

Eine Bewegung schreibt den Frauen von frühester Kindheit an vor, womit sie zu spielen und welche Farben sie zu mögen haben und welche Verkleidungen für den Fasching erlaubt sind. Später dann wird bestimmt, welche Lebensprioritäten sie zu wählen, wie sie ihre Kinder zu behandeln, wie sie sich zu kleiden und zu schminken haben. Selbst Kochen als Hobby macht schon verdächtig. Und diese Bewegung nennt sich dann – Frauenbefreiung. Wenn eine Frau ein paar Jahre zu Hause bleibt – Hausmütterchen! Wenn sie einfach gern High Heels und einen Rock dazu trägt – Verräterin!

Die Freiheit, das Leben genau nach Vorschrift zu leben, was für eine Form von Freiheit ist das eigentlich? Der radikale Feminismus befreit niemanden, sondern führt nahtlos von einer Form der Einengung in eine neue. Daher ist einer der Kollateralschäden der Frauenbefreiung – die Freiheit der Frauen. Ist irgendwie im Getümmel des Geschlechterkampfes verloren gegangen.

Von Feministinnen hört man oft, dass das jetzt ja nur eine Übergangsphase sei. Diese sei notwendig, um später dann einmal die echte Freiheit zu erreichen. Ja, auch die eine nicht unbekannte Floskel aus dem Standardrepertoire der Ideologiegeschichte: Um die große Freiheit zu erreichen, muss es eine nicht so schöne Phase der Umerziehung geben, die dann – leider – nie so richtig aufhört. Haben die Genderfunktionärinnen überhaupt ein Interesse daran, diesen wunderbaren Zustand, in dem sie dann niemand mehr brauchen würde, jemals zu erreichen?

Das große UND und die Unzufriedenheit

Wir leben in einer Zeit der eher unbescheidenen Lebensziele. Das Wort „oder“ hat gerade keine Konjunktur, wir glauben an das große UND. Wir wollen Karriere und Familie. Wir wollen beruflich erfolgreich sein, schön wohnen, eine Super-Mama oder -Papa sein, Urlaubsreisen unternehmen, Sport betreiben und – natürlich großartig dabei aussehen. Passend dazu werden in den Medien immer wieder Vorzeigepaare präsentiert, die zeigen, dass das geht und wie gut es sich anfühlt.

Solche „Power-Paare“ gibt es wirklich: Beide machen eine Bilderbuchkarriere, sie haben entzückende und sympathische

Kinder und in ihrer Wohnung könnte man jederzeit Fotos für ein Innenarchitekturmagazin machen. Ich selbst habe genau ein derartiges Paar in meinem Bekanntenkreis. Im Gespräch hört man deutlich heraus, dass für dieses Lebensmodell ein hohes Maß an Disziplin, Willenskraft, Ehrgeiz, Organisationstalent und Durchhaltevermögen erforderlich ist – und dass es phasenweise vor allem eines ist: extrem anstrengend. Da gibt es diese Zeiten, wenn die Kinder krank sind, wenn es zu Konflikten in der Partnerschaft kommt oder gerade beide gleichzeitig eine stressige Phase im Job haben und der Sohn die ersten Milchzähne bekommt oder die Tochter eine Trotzphase einlegt. Die Super-Powerfrau in der Illustrierten sagt dazu lächelnd den allseits beliebten Standardsatz: „Alles nur eine Frage der Organisation." Ja, natürlich. Wenn man aus altem Adel stammt oder der Papa Großindustrieller ist und daher von Anfang an ein Kindermädchen zur Verfügung steht, dann lässt sich locker alles organisieren.

Für Normalverbraucher ist das große UND als Lebensideal vor allem eines: der Garant für Unzufriedenheit. Es gibt kein besseres Mittel, um die eigene Unzufriedenheit dauerhaft zu sichern, als Lebensziele zu haben, die für die eigenen Möglichkeiten nicht realistisch sind. Und gerade bei Frauen kommt oft noch ein permanentes schlechtes Gewissen dazu, weil man das Gefühl hat, weder im Beruf noch in der Familie eine angemessene „Performance" abzuliefern.

Politische Heimatlosigkeit

Ich bin in einem sozialdemokratisch links geprägten Milieu aufgewachsen. Als Jugendlicher war ich in der Umweltbewegung aktiv und habe mich mit Begeisterung dem Schutz der Seevögel, gelegentlich auch einiger Amphibien gewidmet, wodurch ich zwangsläufig in ein grün-alternatives Milieu geriet. Schon damals irritierte mich, dass man als Linksalternativer eigentlich fast verpflichtend radikal-feministisch zu denken hatte.

Als Familienvater mit einer Lebensgefährtin, die zugunsten der Kinderbetreuung einige Jahre berufsabstinent blieb, wurde ich dann plötzlich selbst zum Lieblingsfeindbild in meinem Herkunftsmilieu, und die Partei, deren treuer Stammwähler ich bis dahin war, ließ mir mit einiger Deutlichkeit ausrichten, dass sie für die Befreiung meiner Frau einträte und daher meine Frau – und auch ich – gefälligst nach Vorschrift zu leben hätten. Ich kann mich noch genau an den Tag erinnern, an dem ich zur Wahlurne ging, um erstmalig mein Kreuz an anderer Stelle zu deponieren. So ähnlich fühlen sich wahrscheinlich langjährige Katholiken, wenn sie aus der Kirche austreten. Man glaubt zwar nicht mehr daran, fürchtet sich aber doch ein bisschen vor der ewigen Verdammnis. Politische Heimatlosigkeit: So wie mir ging und geht es vielen. Sie haben die Grünen gewählt und unterstützt, weil ihnen der Umweltschutz und eine naturnahe Lebensweise am Herzen lag, mussten dann aber enttäuscht zusehen, wie die Partei von extremen Feministinnen gekapert wurde.

Auch das sympathisch unkonventionelle und lockere Feeling der Anfangszeit machte einer sektiererischen Weltsicht Platz, geprägt von einer Paranoia gegen Männer. Die waren auf einmal an allem schuld: an Krieg, Umweltverschmutzung, Kapitalismus, Ausbeutung, Gewalt und Kindesmissbrauch. Wie einfach die Welt doch sein kann, wenn man einen schönen Sündenbock im Garten stehen hat.

Die Leute, die früher mit langen Haaren selig lächelnd zu Janis Joplin Dope geraucht und die Welt umarmt haben, sind inzwischen zu Vorreitern der paternalistischen Bevormundung geworden. Auch der Anspruch, die Partei für Nachhaltigkeit zu sein, klingt mittlerweile etwas hohl, wenn man gleichzeitig die geistige Mutterpartei der DINKS ist. Wie soll Nachhaltigkeit ohne Kinder eigentlich aussehen? Und für wen brauchen wir ohne Kinder Nachhaltigkeit?

Wie selbst ist die Verwirklichung?

Die feministische Ideologie kreist um die tendenziell kinderlose, karriereorientierte Frau. Sie soll sich selbst verwirklichen: auf dem einzigen politisch korrekten Weg, indem sie sich möglichst viele Sprossen auf der Karriereleiter nach oben boxt. Wie es den Kindern geht, wenn sie zu Störobjekten werden – egal. Wie es der Umwelt geht, wenn Arbeit und Konsum zum Selbstzweck werden – egal. Wie es in Zukunft ohne funktionierenden Generationenvertrag den Pensionisten gehen wird – egal. Dass die soziale Schere weiter aufgeht – egal. Wie es den als Hausmütterchen abgestempelten Frauen geht – die sind doch selber schuld, also auch egal. Und wie es den Männern geht – das ist natürlich ganz besonders egal.

Biologisch und wohl auch psychologisch stellt sich hier die Frage: Kann sich der Mensch überhaupt selbst verwirklichen? Oder auch eine einzelne Gruppe von Menschen? Ist die Gesellschaft nicht eher wie ein Ökosystem, in dem die verschiedenen Gruppen voneinander abhängig sind? Ist der Mensch nicht ein soziales Lebewesen, das sich nur in einer funktionierenden Gemeinschaft wohlfühlen und verwirklichen kann? Ist die größte Sehnsucht des Menschen nicht die nach geglückten Beziehungen? Kann Karriere und Konsum als Lebenszweck wirklich zu einem erfüllten Leben führen?

Von der Gleichheit zur Gleichwertigkeit

Die so intensiv empfundene Benachteiligung der Frauen hängt in unserer Epoche stark mit dem materialistisch geprägten Zeitgeist zusammen. Dieser führt dazu, dass bevorzugt weibliche Tätigkeitsfelder, die meist in irgendeiner Form mit menschlichen Beziehungen, Erziehung, Bildung, Kreativität, Schönheit oder Heilen zu tun haben, weniger angesehen sind und auch schlechter bezahlt werden als bevorzugt männliche Tätigkeiten, bei denen es oft um Technik geht, um formale Macht und um Geld. Der absolute Tiefpunkt ist dabei die klassische Hausfrauentätigkeit: geringes Ansehen, keine direkte Bezahlung und auch bezüglich der Pension nicht gerade der Königsweg.

Der feministische Lösungsansatz ist, zu behaupten, dass Männer und Frauen gleich sind, und Frauen in bevorzugt männliche Tätigkeitsbereiche und Rollen zu drängen beziehungsweise Männer in weibliche. Die Reibungsverluste dabei sind hoch: Außerhalb der ideologischen Welt sind Männer und Frauen alles andere als gleich – und zwar von Geburt an. Sie denken anders, nehmen die Welt anders wahr, fühlen anders und verfolgen unterschiedliche Lebensstrategien. Diese unterschiedlichen Wesen in die ideologische Gleichheitszwangsjacke zu stecken, führt nicht zu größerer Zufriedenheit, sondern eher zum Gegenteil.

Der mit unserer Biologie kompatible Weg ist ein anderer: Die neuen Freiheiten der Rollen- und Tätigkeitswahl aufrechtzuerhalten, als großen Fortschritt und Öffnung unserer Gesellschaft, und gleichzeitig bevorzugt weibliche Tätigkeiten und Rollen nicht weiter abzuwerten, sondern sowohl vom Ansehen als auch finanziell und im Bereich der Pensionsvorsorge aufzuwerten. Dann wäre es nicht mehr so wichtig, wer welche Aufgaben übernimmt, und die Politik müsste sich nicht mehr in die Gestaltung von Lebensläufen und die Organisation von Familien einmischen, um mehr Geschlechtergerechtigkeit zu erreichen. Unter solchen Vorzeichen würden sich auch mehr Männer finden, die gern auf traditionell weibliche Rollen und Tätigkeiten umsteigen, und auch die Kinder wären Nutznießer, weil ihre Erziehung und Betreuung vom derzeitigen Negativimage befreit wäre. Mann oder Frau könnte auch leichter ein paar Jahre Familienarbeit einlegen und dann wieder in den Beruf einsteigen, ohne hier mit der derzeitigen Hürde kämpfen zu müssen: „Ah, Sie waren also *nur* Hausmann (oder Hausfrau)?" Auf diese Art würden wir etwas erreichen, das viel besser ist als Gleichheit: Gleichwertigkeit.

Alltagssexismus – die alltägliche Sexismusdebatte

Ciao bella ragazza! – Die seltsame Magie des Cappuccino-Sexismus

Christiane kommt aus Hamburg-Harburg. Sie ist Marketingleiterin bei Schülke & Petersen – Lebensmittelgroßhandel – und 38 Jahre alt. Christiane sitzt gerade dort, wo sie am liebsten sitzt: in einem Strandcafé in Rimini. Wenn ihr im Büro alles auf die Nerven geht, reist sie in Gedanken genau hierher – mit Blick aufs Meer. Der Kellner begrüßt sie mit einem charmanten Lächeln: „Ciao bella ragazza!" – Sabine lächelt und versucht, nicht rot zu werden. Er hat sie wiedererkannt! Ja, sie weiß, dass er heute wahrscheinlich noch zwanzig andere weibliche Gäste im Alter von zehn bis Mitte vierzig „bella ragazza" (also „schönes Kind") nennen wird, aber egal – ist dieser italienische Esprit nicht einfach hinreißend? Warum gibt es so etwas nicht in Deutschland?

Cut. Christiane sitzt in ihrem Büro bei Schülke & Petersen in Hamburg-Harburg. Sie brütet gerade über der Marketingplanung für das kommende Jahr. Da kommt ihr Kollege Horst herein und wirft ihr ein fröhliches „Hallo, schönes Kind!" zu. Sein Pech ist, dass Christiane gerade nicht im Urlaubsmodus ist. Was fällt ihm eigentlich ein! Typisch Macho: Er will sie auf ihr Äußeres reduzieren und ihr damit zeigen, dass er sie als Marketingleiterin nicht für voll nimmt. Das könnte ihm so passen. Was jetzt kommt, wollen wir uns an dieser Stelle gar nicht weiter ausmalen, ob sie ihn nur verbal in seine Schranken weist oder das Ganze der zuständigen Gleichstellungsbeauftragten meldet – auf jeden Fall ist es ein Skandal. Auch wenn wir den Vergleich etwas weniger hinkend in ein Café in Hamburg-Harburg verlegen, würde Christiane auch hier die Anrede als „schönes Kind“ ganz sicher nicht durchgehen lassen. Das ist nämlich Alltagssexismus. Und das geht gar nicht.

Aber wäre Horst nicht Horst, sondern vielleicht Luigi aus Perugia, und würde das Ganze auf Italienisch vortragen oder zumindest mit einem deutlich hörbaren italienischen Akzent – das wäre natürlich etwas ganz anderes. Auch Carlos aus Madrid dürfte selbstverständlich „Hola Guapa!“ rufen (also „Hallo, Hübsche!“), und selbst dem Anton aus Tirol wäre noch einiges erlaubt, was für Horst aus Hamburg-Harburg ein ganz klares No-Go wäre. Die Grenze zwischen Esprit und Sexismus, zwischen einem charmanten Kompliment und einer erniedrigenden Beleidigung, zwischen einem leichten Erröten und moralinschwangerer Empörung ist eine geografische. Und zwar eine sehr differenziert geografische. Es ist nämlich keine einfache Nord-Süd-Grenze, sondern sie scheint sich eher an Kulturkreisen zu orientieren. Es muss jemand aus diesem mittelmeerisch angehauchten Charmegürtel so von Sizilien über Norditalien und dann weiter bis Südspanien sein. Auch mit einem weichen französischen Akzent oder als Lateinamerikaner kann man mit einer wohlwollenden Reaktion rechnen, mit Einschränkungen auch als fescher Österreicher. Türken oder Araber dagegen sind zwar auch Südländer, aber wenn der Mesut vom Nachbarbüro ein „Hallo, schönes Kind“ zur Begrüßung anbringen würde, dann wäre das fast noch schlimmer als beim Horst.

Das Thema Alltagssexismus wird immer wieder gern im Zusammenhang mit der Diskriminierung von Frauen diskutiert. Wenn aber bei einem Italiener oder Spanier Alltagssexismus nicht nur okay, sondern sogar erwünscht ist, während genau dasselbe Verhalten bei einem Deutschen oder Türken ein Skandal wäre, dann ist die politisch korrekte Reaktion auf sogenannten Alltagssexismus eigentlich – eine Diskriminierung von Männern.

Österreich, das gleichberechtigste Land der Erde

„Hängt sie auf, die schwarze Sau, hängt sie auf ...!" – Fröhlich und beschwingt, in gelöster Volksfestatmosphäre, singen die Fans des GAK (Grazer Athletiksport Klub) ihr Lied. Ich bin etwas schockiert und verstehe gar nichts mehr. Auf dem Spielfeld – der GAK spielt gerade gegen Rapid Wien – steht nur ein schwarzafrikanischer Spieler, nämlich Benedict Akwuegbu aus Nigeria. Aber der spielt ja für den GAK! Was für ein unglaublicher Rassismus, noch dazu gegen einen eigenen Spieler! Mein fußballbegeisterter Freund Manfred klärt mich auf: „Die schwarze Sau ist doch nicht unser Akwuegbu – der Schiedsrichter ist gemeint, weil der ja früher immer schwarz gekleidet war. Heute hat er zwei Tore für uns wegen Abseits nicht gelten lassen. Daher schwarze Sau – logisch, verstehst?"

Wie heißen die Deutschen am Würstelstand in Wien? Scheipis – Abkürzung für scheiß Piefkes. Und jeder Wiener kennt diese Abkürzung. Die nichtwienerischen Österreicher, aus Sicht der Wiener allesamt provinziell, sind die Gscherten. Leute mit ländlichem Dialekt gelten als provinziell. Leute, die Hochdeutsch sprechen, als arrogant. Wenn man zusätzlich zu hochdeutscher Intonation auch noch der deutschen Grammatik inklusive aller vier Fälle mächtig ist, gerät man in den Verdacht des Piefketums. Auch Ausländer jeder anderen Gattung werden diskriminiert, wobei natürlich fein nach Herkunft differenziert wird. Schwule und Lesben werden diskriminiert, Frauen entsprechend sämtlicher Klischees und natürlich bekommen auch die Männer ihr Fett ab. Wer wird noch diskriminiert? Sehr Große, sehr Kleine, sehr Dicke, sehr Dünne, Lehrer sind natürlich Besserwisser, Politiker dafür Berufslügner, und wenn jemand eine Polizeiuniform trägt, wird er liebevoll „Kieberer" genannt.

Wie gesagt – Österreich ist das gleichberechtigste Land der Erde. Hier wird nämlich alles und jeder diskriminiert.

Eigentlich werden alle sogar mehrfach diskriminiert. Man ist beispielsweise gleichzeitig dick, Mann und Polizist und heißt vielleicht auch noch Mesut – das reicht für eine schöne Vierfachdiskriminierung, im Dialekt „blader Migrantenkieberer", und das ist noch eine höfliche Variante. Der Mensch, der in Österreich nicht diskriminiert wird, muss erst geboren werden.

Wie kann man in so einem Land leben? Ganz ausgezeichnet, wenn man realisiert hat, dass es nicht so gemeint ist. Es ist ein Volkssport, der lustvoll, meist auch unterschwellig humorvoll-augenzwinkernd betrieben wird.

Natürlich gibt es auch in Österreich eine Art von Diskriminierung, die ganz und gar nicht lustig ist. Woran kann man nun aber den Unterschied zwischen folkloristischer und wirklich bösartiger Diskriminierung festmachen? Das ist manchmal gar nicht so leicht. Die Grenzen sind fließend. Dennoch: Sie werden in Österreich oder Deutschland kaum einen Schwarzafrikaner treffen, der nicht der Meinung ist, wegen seiner Hautfarbe diskriminiert zu werden. Das ist keine Frage der Wahrnehmung und der Dünnhäutigkeit – das weiß jeder und das spürt jeder. Wenn Sie dagegen zehn hellhäutige Frauen auf der Straße fragen, ob sie diskriminiert werden, ohne ihre Eigenschaft als Frau in der Frage zu erwähnen, werden die meisten nicht einmal die Frage verstehen oder daraufkommen, dass ihr Geschlecht ein Thema sein könnte. Eine Diskriminierung, die den meisten Diskriminierten in ihrem ganzen Leben nicht ein einziges Mal auffällt – das ist keine Diskriminierung, sondern liebevoll-spöttische Alltagsfolklore.

Auch in meiner alten Heimat Deutschland kann sich jeder diskriminiert fühlen: der Polizist, der ganz selbstverständlich als Bulle angesprochen wird, Lehrer, Politiker, Dicke, Dünne,

Männer und Frauen. Als Hamburger war ich in Bayern ein Fischkopf und ein Bayer, der sich in die Gefilde nördlich des Weißwurstäquators verlaufen hat, ist eben ganz einfach ein Bayer. Und jeder Hamburger kann das Wort „Bayer“ so aussprechen, dass es schon Strafe genug ist. Ja, und die Ösis, die sind ja so nett! Aber Menschen, die so einen niedlich klingenden Dialekt sprechen und die so bemüht, aber doch so erfolgsabstinent Fußball spielen, ernst nehmen – nee, das ist für einen Hamburger dann doch zu viel verlangt.

Sisyphos und der Alltagssexismus

Natürlich gibt es auch bei der zuvor beschriebenen, harmlosen folkloristischen Form der Diskriminierung Grenzüberschreitungen in Worten und Taten und Leute, die sich einfach danebenbenehmen. Es ist daher eine Daueraufgabe von Eltern und Pädagogen, durch gute Erziehung und Vorbildwirkung dafür zu sorgen, dass diese Vorfälle so selten wie möglich vorkommen. Sisyphos lässt grüßen.

Das seit Jahrzehnten diskutierte Alltagssexismus-Problem ist also keine politische Frage, sondern eine erzieherische. Und dass sich Jungen mit zehn bis zwanzig Mal mehr Testosteron im Blut anders danebenbenehmen als Mädchen, ist biologisch betrachtet völlig klar und auch nicht anders zu erwarten. Mädchen benehmen sich subtiler und raffinierter daneben, das fällt natürlich nicht so unangenehm auf. Dass sich Feministinnen hier als Moralapostel aufspielen, erscheint doch irgendwie befremdlich: Sie arbeiten seit Jahrzehnten an der Schwächung angeblich rückständiger familiärer Strukturen. Wenn man mit Lehrern redet und fragt, welche Kinder besonders zu schlechtem Benehmen neigen, bekommt man fast immer die gleiche Antwort: die, die aus zerrütteten Familien kommen.

Wieder einmal wettern Feministinnen also gegen die Folgen von Entwicklungen, an denen sie selbst fleißig mitgearbeitet haben.

Auch was die Wahrnehmung und Grundeinstellung der Kinder und angehenden Erwachsenen betrifft, ist der sogenannte Alltagssexismus im Kern eine erzieherische Frage: Erziehe ich mein Kind oder mir anvertraute Kinder so, dass sie sich vor dem Geschlechterrollenspiel fürchten und sich bei jedem kleinsten Anlass als Opfer sehen, oder zeige ich ihnen, wie man selbstbewusst mitspielt, die eigenen Trümpfe findet und diese dann mit Augenmaß einsetzt? Pflanze ich ihnen destruktive Leitbilder ein, wonach die Geschlechter sich in einem nie endenden, neidgetriebenen Geschlechterkampf befinden, oder zeige ich ihnen Wege eines synergetischen Miteinanders, auf der Basis von gleicher Würde und gegenseitigem Respekt, auch und gerade vor den Unterschiedlichkeiten?

Ein weiterer bizarrer Aspekt der Alltagssexismus-Diskussion ist die Tatsache, dass die Frauen dabei generell als wehrlose, schutzbedürftige Wesen dargestellt werden, die selbst durch ein Kompliment oder gar einen Blick aus dem seelischen Gleichgewicht gebracht werden können. Andererseits wird vehement gefordert, dass dieselben Frauen die Hälfte aller Vorstands- und Ministerposten bekleiden sollen, weil sie ja genauso hart im Nehmen sind wie Männer.

Hat man schon einmal einen Mann gesehen, den es aus dem Gleichgewicht bringt, wenn sein trainierter Oberkörper lobend erwähnt wird? Oder wenn ihm eine Frau in der U-Bahn einen langen, tiefen Blick zuwirft?

Wie baue ich mir eine Diskriminierung? – Eine Anleitung in einem Schritt

Wollen Sie sich gerne so richtig diskriminiert fühlen, um dann nach Herzenslust empört sein zu können? Dann müssen Sie nur eine Kleinigkeit tun: Sie müssen die Latte des Beleidigtseins so tief wie möglich legen – und dann noch ein bisschen tiefer. Für anregende Beispiele empfehle ich die Lektüre von Anne Wizorek.[69] Momentan sieht es ganz danach aus, als wäre sie gerade dabei, Alice Schwarzer als deutsche Cheffeministin abzulösen, von daher denke ich, dass ihre Diskriminierungskriterien als einigermaßen amtlich angesehen werden können.

Sexistisch ist dementsprechend ein Kompliment, das Bezug auf die äußerliche Erscheinung nimmt. Blicke sind sexistisch. Einem Mädchen etwas Rosafarbenes zu kaufen ist sexistisch. Ein weibliches Wesen in Büchern oder Filmen in einer traditionellen Frauenrolle oder einer dazugehörigen Tätigkeit zu beschreiben ist sexistisch. Empörend findet es Frau Wizorek auch, wenn Frauen, die über 18 Jahre alt sind, als Mädchen angesprochen werden. Also, wer in Zukunft korrekt sein will: Vor dem Ansprechen eines weiblichen Wesens sicherheitshalber die Vorlage eines Ausweisdokumentes verlangen. Weil man sich bei einer Schätzung des Alters aufgrund äußerlicher Gegebenheiten leicht verschätzen kann und – ein genaueres Hinschauen ja wiederum den Tatbestand des Sexismus erfüllt. Komischerweise sprechen nicht wenige Frauen selbst von Mädelrunden oder Mädchenabenden, auch in deutlich höheren Altersklassen. Es scheint hier also eine Tendenz zur Selbstdiskriminierung zu geben.

Männliche Blicke sind ganz besonders sexismusverdächtig: Wie lange darf ein Mann eine Frau ansehen, ohne Sexismus zu betreiben? In den USA gibt es die 5-Sekunden-Regel – alles darunter ist okay. Also, Männer, während eines

Vieraugengesprächs mit einem weiblichen Wesen ganz einfach alle fünf Sekunden kurz aus dem Fenster schauen, und alles ist gut.

Was gibt es noch zu beachten? Beim Schreiben auf die Innen oder _innen zu verzichten, gilt als besonders frevelhaft. Leider sind die Regeln kompliziert. Daher sind alle Menschen, die unterhalb eines gewissen Mindestbildungsniveaus agieren, automatisch Sexisten. In der mündlichen Rede können die Genderregeln selbst vom Profi kaum eingehalten werden – somit ist das Sprechen per se schon ein Akt des Sexismus. Es ist ein bisschen wie in der katholischen Kirche – wir alle sind Sünder. Anders als in der katholischen Kirche gibt es hier aber keine liebende und verzeihende Instanz, es gibt nur die Schuld.

Echte Old-School-Feministinnen finden es sexistisch, wenn man einer Frau die Tür aufhält. Weil man damit zum Ausdruck bringt, dass man sie für hilflos hält. Und neuerdings wird darüber diskutiert, dass es sexistisch sei, Toiletten als Damen- oder Herrentoilette auszuweisen. Weil man damit transsexuellen Menschen ein klares Bekenntnis zu einem Geschlecht abnötige.

Das Toiletten-Thema ist geradezu sinnbildlich für den Genderdiskurs: Wir haben Tausende von gut bezahlten Gleichstellungsbeauftragten, Genderforscherinnen und anderen feministischen Lobbyisten, und diese haben ein großes Problem: Die echten Probleme sind gelöst, und deshalb müssen sie neue Probleme erfinden, weil sie sonst arbeitslos werden – in der Genderbranche ist im Moment Kreativität gefragt. Das, was einmal die Frauenbewegung war, ist zu einer Arbeitsbeschaffungsmaßnahme geworden, ironischerweise zu einer extrem ungleichberechtigten: 95 Prozent der Genderforschenden sind Frauen – und von einem männlichen Gleichstellungsbeauftragten habe ich auch noch nie gehört.

Hilfe, ich bin ein Opfer!

Ende der 1990er-Jahre habe ich an einem Forschungsinstitut der TU Graz als Doktorand gearbeitet. Eines Tages traf die Sekretärin des Institutes aus mir nicht näher bekannten Gründen die Entscheidung, mich mit sofortiger Wirkung nicht mehr beim Vornamen zu nennen, sondern stattdessen „mein Hase" zu mir zu sagen. Ich war etwas verwundert über diese Entscheidung und darüber auch nicht besonders begeistert. Als Doktorand fängt man doch langsam an, das Bedürfnis zu entwickeln, wenigstens ein bisschen ernst genommen zu werden. Schließlich ist man ja kein Student im engeren Sinne mehr.

Erst jetzt, beim Recherchieren für dieses Buch, ist es mir plötzlich klar geworden: Ich bin ein Opfer gewesen. Das war Alltagssexismus, der an mir verübt wurde!

Interessant in diesem Zusammenhang sind wieder ein paar Gedankenspiele. Was wäre gewesen, wenn ich zu ihr „mein Hase" gesagt hätte? Oder vielleicht sogar „mein Häschen"? – Ein absolutes No-Go. Wenn die Gleichstellungsbeauftragte davon Wind bekommen hätte, hätte sie mir ordentlich die Leviten gelesen.

Umgekehrt: Was wäre passiert, wenn ich zur Gleichstellungsbeauftragten gegangen wäre und mich darüber beschwert hätte, von der Sekretärin „mein Hase" genannt zu werden? Sie hätte sich wahrscheinlich köstlich amüsiert und ich wäre zum allgemeinen Gespött des Instituts geworden.

Nach Anne Wizoreks Maßstäben wurde ich auch aus einem anderen Grund im Alter von ca. 18 bis 35 Jahren zum Opfer: So wie sie darunter gelitten hat, als volljährige Frau „Mädchen" genannt worden zu sein, war es für mich immer sehr erniedrigend, wenn ich mit „Junge" oder in Österreich entsprechend „Bursche" angesprochen wurde. Nur war ich damals noch zu unsensibel und unaufgeklärt, um diese alltagssexistische Diskriminierung zu bemerken.

Wo ich gerade so in meinen Opfererinnerungen krame – da fällt mir doch noch eine Situation ein. Als Schüler besuchten wir in Hamburg-Altona regelmäßig einen italienischen Eissalon. Und die Dame, die uns das Eis verkaufte, begrüßte mich ebenso regelmäßig mit einem „Ciao Bello!" (also „Hallo, Hübscher!"). Schon wieder Sexismus. Fällt in diesem Fall aber wohl unter die Amnestie für Cappuccino-Sexismus. Gilt die eigentlich auch für Italienerinnen?

Im Reich des Bösen: Sexismus in der Werbung

Als Zentralorgan des frauenfeindlichen Sexismus wird regelmäßig die Werbebranche angeprangert: Frauen werden dort immer noch in klassischen Rollenbildern und in nicht besonders genderkonformen Outfits gezeigt. Aber warum gibt es so viel nackte weibliche Haut in der Werbung?

Botschaften werden immer auf verschiedenen Ebenen transportiert. Zunächst gibt es die Sachbotschaften, also im Wesentlichen die Eigenschaften des beworbenen Produktes und warum es so toll ist. Eine Werbung, die nur auf dieser Ebene den Verstand des Konsumenten anspricht, wird nie wirklich erfolgreich sein. Daher versuchen Werber, Botschaften auch im emotionalen Bereich zu platzieren. Ein Mittel dabei ist beispielsweise der Humor, der jedoch von Land zu Land und von Zielgruppe zu Zielgruppe sehr unterschiedlich sein kann. Will man einen Werbespot für eine möglichst breite Zielgruppe und für mehrere Länder machen, so besteht der einfachste und sicherste Weg darin, sexuell attraktive Menschen mit dem zu bewerbenden Produkt zu zeigen. Das schafft einerseits Aufmerksamkeit, andererseits kommt die Botschaft an: Wenn du zu den Alphamännchen oder Superweibchen dazugehören willst, musst du Produkt XY benutzen! Und das wirkt immer – Trefferquote 100 Prozent.

Dabei werden tatsächlich Frauen stark unter Druck gesetzt. Es werden leicht bekleidete, sehr schlanke und operativ optimierte Supermodels gezeigt, raffiniert geschminkt, perfekt beleuchtet und in Szene gesetzt. Hinterher wird dann noch nachbearbeitet, die Beine werden verlängert, kleine Hautmakel am Computer beseitigt und die Zähne noch weißer gemacht. Für junge Frauen lautet die Botschaft: Wenn du gut aussehen willst – das ist der Maßstab! Stimmt also die Verschwörungstheorie, dass Werbemacher die Frauen gezielt aufs Korn nehmen, um sie in unangemessene Rollen zu drängen?

Ich denke nicht. Werbemacher haben nur ein Ziel: ihre Produkte optimal zu bewerben, damit sie selbst wieder gebucht werden. Sie wollen ganz einfach Geld verdienen, und das geht in ihrem Metier nun mal nicht ohne den Griff in die Trickkiste. Wenn sie nur an die Vernunft appellieren, dann kauft der Konsument das Produkt nur, wenn er es wirklich braucht. Die Werber aber wollen, dass er das Produkt auch dann kauft, wenn er es nicht braucht. Dafür müssen sie den Konsumenten dort erwischen, wo seine Vernunft machtlos ist: im Unterbewusstsein. Dort, wo die Triebe zu Hause sind. Und in diesem Bereich ticken Mann und Frau grundverschieden. Für die Werber besteht daher die Herausforderung darin, bei beiden Geschlechtern jeweils genau den wunden Punkt zu treffen. Daher werden Männer und Frauen in der Werbung nicht gleich dargestellt, aber gleichberechtigt: Die Werber wissen nicht nur bei den Frauen, wo es wehtut, sondern auch bei den Männern.

Hier kommt der Auftritt des jovialen Alphamännchens, umgeben von den Insignien von Macht, Erfolg, Wohlstand und Sportlichkeit. Architektenvilla, Sportwagen, attraktive, leicht bekleidete Frauen, die ihn anhimmeln. Das Alphamännchen sieht unglaublich gut aus. Durchtrainierter Körper, perfektes Styling, lässig und immer in entspannter Urlaubslaune. Ein Ideal, das für 99,9 Prozent der Männer genauso unerreichbar ist wie die optimierte Superblondine für 99,9 Prozent der Frauen. Der Druck ist derselbe, nur inhaltlich und bildlich auf den Mann abgestimmt. Die Auswirkungen sind genauso ungesund, nur eben anders. Während Frauen zu verzweifelten Stylingorgien und Radikaldiäten verleitet werden, steigern sich Männer noch mehr in die Arbeit, kämpfen noch verbissener um die nächste Beförderung – natürlich ohne beim Fitnessprogramm nachzulassen – und enden im Extremfall im Burn-out oder mit 55 beim Herzinfarkt.

Also: Natürlich ist die Werbung sexistisch. Sie trieft nur so vor Sexismus. Aber sie ist gleichzeitig vollkommen gleichberechtigt. Weil sie sowohl Frauen als auch Männer in die jeweiligen Klischeekäfige sperrt und so lange weich kocht, bis sie die Designersonnenbrille endlich kaufen. Und das funktioniert prima. Warum? Weil unser Unterbewusstsein zutiefst sexistisch und sehr gut manipulierbar ist. Das hat Sigmund Freud schon vor über 100 Jahren herausgefunden.

Letztlich spiegelt Werbung einen unausgesprochenen Grundkonsens unserer westlichen Industriegesellschaft wider: Wir wollen materiellen Wohlstand, und dafür sind wir bereit, alle Opfer zu bringen, die notwendig sind. Ohne Werbung würde es in der Wirtschaft nicht so gut laufen. Wir brauchen die Generierung nicht vorhandener und eigentlich auch nicht sinnvoller Bedürfnisse, um Umsatz zu machen. Je unsinniger und ungesünder ein Produkt ist, desto mehr muss es beworben werden. Und dafür ist die Gesellschaft stillschweigend bereit, psychische Belastungen bei den Konsumenten zu akzeptieren. Genauso wie man stillschweigend die Verschmutzung der Umwelt und die Ausbeutung von Menschen in der Dritten Welt akzeptiert.

Die Forderung, den Druck der Werbung auf die Frauen zu reduzieren, wird im Namen der Gleichberechtigung erhoben, ist aber bei genauer Betrachtung erneut eine Forderung nach Privilegierung der Frauen – die man auch Diskriminierung der Männer nennen kann. Weil der Druck auf die Männer eben kein Thema ist. Die Grundhaltung ist immer die gleiche: Frauen sind die Opfer und brauchen Sonderregeln, und wie es den Männern geht – ist doch egal.

Übrigens: Die Marketingteams, mit denen ich bisher beruflich zu tun hatte, hatten einen ziemlich hohen Frauenanteil – eine kreative, kommunikative Tätigkeit eben. Die angebliche Diskriminierung der Frauen wird hier also wieder nicht von den üblichen Verdächtigen auf die Beine gestellt, sondern überwiegend – von Frauen.

Über sexistische Steine und Glashäuser

Was ist das Kernprogramm der heutigen feministischen Bewegung? Männer werden pauschal mit Vorwürfen eingedeckt – ganz einfach weil sie Männer sind. Sie gründen finstere Männerseilschaften, die dafür sorgen, dass Frauen nicht gerecht bezahlt werden und ihnen der wohlverdiente Aufstieg ins Topmanagement verwehrt bleibt.

Bei nüchterner und unvoreingenommener Betrachtung lösen sich diese Vorwürfe in Luft auf: Männer und Frauen haben unterschiedliche Ziele im Leben, verhalten sich unterschiedlich und haben eine deutlich unterschiedliche Risikobereitschaft. Die schlechtere Bezahlung in klassisch weiblichen Branchen wird nicht von Männerseilschaften bestimmt, sondern hängt mit der geringeren Wertschätzung traditionell weiblicher Tätigkeiten zusammen, die eine Frage des Zeitgeistes ist, der von Männern und Frauen gemeinsam geprägt wird. Kollektive ungerechtfertigte Schuldzuweisungen, einzig aufgrund einer Geschlechtszugehörigkeit, wie nennt man so etwas noch mal? Ja, richtig: Sexismus. Willkommen im feministischen Glashaus – wer mag den ersten Stein werfen?

Wie nennt man es, wenn eine Frau nicht befördert wird? Gläserne Decke. Wie nennt man es, wenn ihr männlicher Kollege ebenfalls nicht befördert wird? Der ist einfach nicht gut genug. Die gläserne Decke besteht nicht aus Glas, sondern aus Sexismus. Das Gleiche gilt auch umgekehrt: Wenn ein Mann eines Ministeramtes enthoben wird, dann war er unfähig oder es gab Meinungsverschiedenheiten mit dem Chef. Wenn eine Ministerin entlassen wird, gibt es einen landesweiten Aufschrei in der Presse – der Ministerpräsident ist ein Frauenfeind.[70]

Auch beim allseits beliebten Thema Alltagssexismus fliegen die Steine: Die Debatte ist voller sexistischer Unterstellungen – über Männer. Wenn ein Mann einer Frau ein Kompliment macht, weil sie ein schickes Kleid anhat, will er sie natürlich auf Äußerlichkeiten reduzieren – und er will sie anmachen. In Wirklichkeit kann man aus dieser Situation aber nur eines sicher schließen, nämlich, dass ihm das Kleid gefällt – alles andere ist im feministischen Sexismus-Generator entstanden. Diese simple Möglichkeit wird jedoch nicht einmal in Erwägung gezogen – Männer haben ja grundsätzlich schmutzige Gedanken zu haben.

Darf es noch ein Steinchen sein? Was ist eine Frau, die nicht berufstätig ist und sich um vier Kinder kümmert? Ein Retroweibchen, ein Hausmütterchen und etwas naiv. Was ist ein Mann, der das Gleiche tut? Ein Hausväterchen? Nein, ein Held!

Sexismus in Gesetzesrang: Risiken und Nebenwirkungen der Quotenregelung

Endlich gibt es ihn wieder: den Sexismus per Gesetz. Seit Jahrzehnten wird die Quotenregelung angepriesen als das Wundermittel gegen die Benachteiligung der Frauen – über Risiken und Nebenwirkungen informieren Arzt oder Apotheker.

Schauen wir uns doch einmal das Kleingedruckte auf dem Beipackzettel an. Da fallen als Erstes Berufe ins Auge, bei denen es um Leben oder Tod geht, entweder in Extremsituationen oder im Berufsalltag.

Bei Aufnahmetests für Piloten werden beispielsweise das räumliche Denk- und Sehvermögen sowie das Verhalten in Extremsituationen geprüft. Wenn man möchte, dass mehr Frauen in den Cockpits Platz nehmen, wird man die Testkriterien wohl ändern müssen oder Frauen mit geringeren Fähigkeiten einfach durchwinken, womit man stillschweigend in Kauf nimmt, dass hier und da ein Flugzeug mehr abstürzt. Was nützt es mir in diesem Fall als Passagier, wenn die Pilotin zwar weniger gut räumlich sehen kann, dafür aber über besonders ausgeprägte Soft Skills verfügt? Wird sie mich feinfühliger auf mein bevorstehendes Ableben hinweisen?

Und wie sieht es aus mit den Menschen, die Flugzeuge entwickeln, bauen und warten? Möchte man hier nicht auch die am besten geeigneten, welchen Geschlechts auch immer, am Werk sehen? Was ist mit Entwicklern und Betreibern von Atomkraftwerken? Soll im Ernstfall die Quotenfrau das Kommando im Kontrollraum führen, wenn die Verseuchung eines ganzen Landstriches droht? Was ist mit dem Chirurgen, der einen möglicherweise einmal auseinandernehmen und hoffentlich richtig wieder zusammenflicken wird? Statistisch betrachtet: Wie viele Todesfälle pro Jahr nehmen wir für die Quote in Kauf?

Diese Fragen sind wirklichkeitsnäher, als sie zunächst erscheinen mögen. In Österreich wurden im Jahr 2013 weibliche Bewerberinnen um Medizinstudienplätze bei den Aufnahmetests aus Quotengründen offiziell bevorzugt. Diese Regelung wurde später allerdings durch eine Klage zu Fall gebracht.

Auch bei der Feuerwehr wird gefordert, dass die körperliche Eignung bei Frauen in Zukunft anders bewertet wird. Frauen sollen nicht länger benachteiligt werden. Wenn dann ein 90-Kilo-Feuerwehrmann mit voller Ausrüstung und Sauerstoffflasche mit einer zierlichen Frau im vierten Stock einen Brandherd bekämpft, weiß er genau: Wenn sie ohnmächtig wird, wird er sie raustragen können. Umgekehrt: Pech gehabt. Sterben für die Quote, eine innovative Form des Heldentodes.

Interessant ist auch die Frage, wie viele Arbeitsplätze und wie viel Wohlstand wir bereit sind, für die Quote zu opfern. Die freie Entscheidung über die Besetzung von Führungspositionen ist für den Erfolg eines Unternehmens von großer Bedeutung. Wenn wichtige Positionen nicht mehr nach Eignung, sondern nach Geschlechtszugehörigkeit vergeben werden müssen, wird das die Attraktivität eines Standortes negativ beeinflussen und Arbeitsplätze kosten. Schon ohne Quotenregelung ist es für viele Unternehmen eine Herausforderung, geeignete Führungskräfte in ausreichender Zahl zu finden. Arbeitslos für die Quote – wer will als Erster?

Wie so oft ist „gut gemeint" das Gegenteil von „gut". Die systematische Benachteiligung von Frauen im Berufsleben gibt es schon lange nicht mehr, daher hat eine Quotenregelung nichts mit Gerechtigkeit zu tun, sondern mit einer Diskriminierung der Männer. Und: Starke Frauen brauchen die Quotenregelung nicht und werden durch diese eher geschwächt, weil niemand weiß, ob sie durch ihre Qualifikation oder aus Quotengründen in eine Position gelangt sind. Schwache Frauen kommen dagegen leicht in Situationen, die sie überfordern und in denen sie sich nicht wohlfühlen – ihnen ist also auch nicht geholfen. Auch die Unternehmen profitieren nicht, die haben auch ohne Quotenregelung schon genug Bürokratie am Hals.

Auf dem Beipackzettel für die von ideologischen Fundamentalisten verordneten Wundermittel steht letztlich immer das Gleiche: Eine – mehr oder weniger eingebildete – Ungerechtigkeit wird durch eine andere Ungerechtigkeit ersetzt. Der Weg führt dann tatsächlich vom Regen direkt in das Land, wo Milch und Honig fließen, aber nur für die ideologischen Funktionäre selbst, für die anderen geht es zur Traufe.

Endlich Nichtsexist! – Eine Anleitung in ziemlich vielen Schritten

Was müsste ich als Mann tun, um vom Generalverdacht des Sexismus freigesprochen zu werden – quasi die frauenbewegte Absolution zu empfangen?

Da wäre zunächst einmal die Verpflichtung zum Gedankenlesen. Weil ja Sexismus nicht am Verhalten des Mannes festgemacht werden kann, sondern nach Ansicht der Genderelite daran, was die Frau ob dieses Verhaltens empfindet. Aber wie soll ein Mann das wissen, wenn er nicht Gedanken lesen kann? Es kann nämlich sein, dass eine Frau den Mann sympathisch oder gar attraktiv findet, der ihr gerade ein Kompliment macht – dann hat er Glück gehabt. Wenn sie ihn nicht attraktiv findet? Sein Pech, dann wird er des Sexismus überführt.

Ganz wichtig also: Keine Komplimente zu Äußerlichkeiten! Die moderne Frau will aufgrund ihres Seins und ihrer Leistung gewürdigt werden. Gleichzeitig ist es aber so, dass auch gängige Frauenzeitschriften – unisono mit den Männerzeitschriften – im Falle eines Annäherungsversuches dringend empfehlen: Mann soll ein Kompliment machen. Natürlich ein charmantes, aufmerksames und ehrlich gemeintes. Im Idealfall ist es auch noch originell. Da wird es jetzt schwierig. Nehmen wir einmal an, bei einer Party, auf einem Konzert oder wo auch immer lernt man eine Dame kennen. Nach einer Weile merkt man, es knistert. Jetzt wäre der ideale Zeitpunkt für ein kleines, unaufdringliches Kompliment. Was tun? Man kennt sie ja kaum. Soll man vielleicht die poetische Kraft ihrer Sprache lobend erwähnen? Oder die Tatsache, dass sie korrekt Hochdeutsch spricht und alle vier Fälle beherrscht?

Was muss der gendersensible Mann noch draufhaben? Er muss in jeder Lebenslage die gültigen Vorschriften kennen und umsetzen. Also Jungen nie etwas Hellblaues kaufen, Mädchen nie etwas Rosafarbenes oder Glitzerndes. Auf gar keinen Fall sollte er Frauen die Tür aufhalten, in die Jacke helfen oder sie gar zum Essen einladen.

Wer meint, nun die Basisübungen in sexueller Korrektheit zu beherrschen, kann sich an die Königsdisziplin wagen: Frauen die Tür aufhalten, aber dennoch politisch korrekt bleiben. Zugegeben, ein verwegener Gedanke. Wie soll das gehen? Vielleicht könnte man die Türschwelle passieren und dann wie zufällig stehen bleiben, sodass man quasi absichtslos die Tür aufhält. Wichtig dabei ist die Körperhaltung. Die sollte so schlaff und körperspannungsfrei wie möglich sein, als Antithese zum angedeuteten Strammstehen des Old-School-Gentlemans. Am besten, man trainiert das ein paarmal außerhalb der Öffentlichkeit, damit es dann im Ernstfall auch wirklich klappt.

Fassen wir also zusammen: Wie ist er denn nun, der gendersensible Mann? Auf jeden Fall einmal ein Platoniker. In einer Gesellschaft, die vor sexuellen Signalen nur so trieft, nimmt er derlei Profanes ganz einfach nicht wahr und steht souverän drüber. Er beherrscht die unmögliche Kunst, sich durch das

Minenfeld der Sexual correctness einen Weg zu einem brauchbaren Kompliment zu bahnen, das nicht peinlich ist und die Dame zum Schmelzen bringt. Nebenbei kann er auch Gedanken lesen und beachtet feinfühlig den feministischen Verhaltenskodex inklusive No-Go-Farben und des genderkorrekten Türaufhalte-Codes.

Sportliche Zielvorstellung für ein gesellschaftliches Umerziehungsprogramm. Für die Nichtgenies unter uns Männern wird es eng.

Vom Nichtsexisten zum Antisexisten

Werden wir den Sexismus wirklich besiegen, indem wir alle Nichtsexisten werden? Die schockierende Wahrheit ist: nein. Nichtsexismus kann nur ein Anfang sein.

Denn es ist ja nicht so, dass der Homo sapiens das einzige sexistische Lebewesen auf unserem Planeten ist. Biologisch betrachtet besteht der größte Teil des Tierreiches, wenn man einmal von den Schnecken und anderen zwitterartigen Tieren absieht – aus sexistischen Lebewesen. Der Grashüpfer und die -hüpferin, der Hahn und die Henne, auch der Lurch und die Lurchin, in Summe 99,8 Prozent aller Tierarten[71] – sie alle sind schuldig, sie sind durch und durch Sexisten, denn sie behandeln Vertreter des anderen Geschlechts mit völliger Selbstverständlichkeit ganz anders als ihresgleichen.

In diesem Zusammenhang tut sich eine ganz neue Fragestellung auf: Ist es überhaupt politisch korrekt, wenn man sich von sexistischen Tieren ernährt? Damit fördert man ja deren Haltung, Zucht und Vermehrung. Ohne die ganzen Schnitzelesser unter uns würde es diese Macho-Stiere und -Eber gar nicht mehr geben, abgesehen von ein paar Wildschweinen. Und am allerschlimmsten sind natürlich die Biobauern: Bei denen kommt es wirklich noch vor, dass der Eber auf der Weide die Sau anmacht, und nebenan belästigt der Stier die Kühe – von den armen Hühnern ganz zu schweigen. Bei denen herrscht Polygamie mit haremsartigen Zuständen, von Gleichstellung keine Spur. Unsere Weiden sind Hochburgen der politischen Unkorrektheit! Gut, dass es heute die moderne Massentierhaltung gibt, wo die Sau einen Eber nicht mal von Weitem sieht. Die Befruchtung erledigt der Tierarzt und der ist in den allermeisten Fällen sexuell ziemlich korrekt. Es lebe der Fortschritt!

Leider muss aus biologischer Sicht gesagt werden, dass die geschlechtliche Fortpflanzung auch unter Zuhilfenahme des Tierarztes auf zellulärer Ebene ein Akt des Sexismus bleibt: Die Eizelle und die Samenzelle sind nicht gerade der Inbegriff von Gleichheit. Die Eizelle schwimmt völlig passiv und willenlos herum, während die kleinen Macho-Samenzellen rüpelhaft um die Wette schwimmen müssen und die Eizelle zu einer Trophäe degradieren, um ihre Egokomplexe zu befriedigen. Liegt sicher an ihrer Erziehung.

Was also tun? Zum Glück gibt es einen Ausweg: Bei der antisexistischen Ernährung wird zu 100 Prozent auf sexistische Lebensformen verzichtet. Unbedenklich sind zunächst einmal alle pflanzlichen Produkte. Pflanzen pflanzen sich zwar auch überwiegend geschlechtlich fort, aber ohne dass dabei jemand belästigt oder in nachteilige Rollen gedrängt wird. Akzeptabel sind auch Schnecken als zwitterartige Tiere und natürlich sollte man sich als Antisexist immer so viel wie möglich Honig aufs Brot schmieren. Honig gilt als das reinste Anti-Sexismus-Lebensmittel, das derzeit verfügbar ist, denn: die Bienenweibchen sind alle berufstätig, auf Vollzeitbasis, und es gibt eine satte 100-Prozent-Quote für die Vorstandsvorsitzende. Die Drohnen sind nur für Sex zum Zwecke der Fortpflanzung vorgesehen und werden danach aus dem Stock vertrieben.

Und die lästigen Maden kommen schon in der Kindertagesstätte zur Welt! Vom ersten Tag an werden sie dort versorgt, und zwar 24 Stunden am Tag, sieben Tage die Woche, weil die Mama ja die Vorstandsvorsitzende ist und Wichtigeres zu tun hat, als sich um ihren Nachwuchs zu kümmern. Da wird einem erst einmal klar, welchen pädagogischen Wert die Biene Maja hat!

Modernes Familienleben

Symbiose durch Verschiedenheit

Wenn ich in meinem Bekanntenkreis die Familien mit Kindern vor meinem geistigen Auge Revue passieren lasse, fällt mir auf, wie viele davon mehr oder weniger klassisch wie kleine Jäger- und Sammlerfamilien funktionieren. Das sieht in den meisten Fällen ungefähr so aus:

- Er ist älter als sie und hat einen klassischen Männerberuf, oft mit gutem Einkommen, aber auch mit einem gewissen Risiko. Er bringt also als Jäger die großen Beutestücke nach Hause – in guten Jahren mehr, in schlechten weniger.

- Sie hat einen Sammlerberuf, verdient weniger, aber konstant, dafür kann sie den Job kaum verlieren. Sie hat nach der Arbeit mehr Energieressourcen für den Haushalt und die Kinder übrig, auch weil sie weniger Überstunden macht oder nicht Vollzeit arbeitet.

- Sie ist nicht selten Hobbyapothekerin und weiß, was zu tun ist, wenn Infekte, Erkältungen oder kleine Wunden auftreten.

- Er ist für alle grob handwerklichen Tätigkeiten in Haus und Garten zuständig. Und auch bei gefährlichen Tätigkeiten aller Art wird die Rollenverteilung meist ohne Diskussion schlagartig sehr klassisch. Bäume fällen, der Umgang mit motorisierten Sägen, das Fahren auf Schnee- und Eisfahrbahnen und Ähnliches wird meist dem männlichen Part überlassen.

- Sie ist gestalterisch tätig und sorgt mit dem nötigen Feingefühl dafür, dass der Wohnbereich sowie Terrasse oder Garten eine behagliche Atmosphäre bekommen.

- Der innige Kontakt mit Fäkalien bei Rohrproblemen, verstopften Toiletten und Ähnlichem bleibt ein Privileg der Männer.

- Kochen, Putzen, Abwaschen, Einkaufen, Wäsche waschen und Bügeln wird je nach Neigung und Arbeitspensum pragmatisch ausgehandelt, was auch zu Spannungen führt. Allerdings sind Männer, die putzen, in meinem Bekanntenkreis nach wie vor die Ausnahme. Umso öfter übernehmen sie das Kochen, was nach einem intensiven Arbeitstag wunderbar beim Abschalten hilft.

- Die ideologisch geforderte Fifty-fifty-Aufteilung bei Haushaltstätigkeiten gibt es fast nie. Die Frauen leisten hier meist wesentlich mehr. Dafür engagieren sich die Männer stärker im Beruf, sodass unterm Strich keine Seite benachteiligt wird – ganz nach dem Motto: gleichberechtigt, aber nicht gleich.

- Die Tätigkeit des Grillens ist ein archaisches Unikum und neben der Rohrverstopfung und der katholischen Kirche einer der wenigen feminismusresistenten Bereiche unserer Gesellschaft. Ich habe noch nie eine deutsche oder österreichische Frau kennengelernt, die gerne grillt (und zwar richtig, also mit Kohle), dafür aber unzählige Männer, die das mit geradezu rührender Hingabe tun, mich selbst eingeschlossen.

- In Einzelfällen werden die Rollen auch getauscht, wenn sich entsprechend veranlagte Menschen gefunden haben oder die Frau einen Job hat, bei dem sie besser verdient.

Diese Lebensweise funktioniert für einen Großteil der Familien mit Kindern am besten. So arbeiten laut Statistik 69 Prozent der Mütter mit minderjährigen Kindern in Teilzeit, aber nur 6 Prozent der Väter (Zahlen 2012 für Deutschland). Sind die Kinder jünger als drei Jahre, arbeiten 66 Prozent der Frauen gar nicht. Die Symbiose auf der Grundlage von Verschiedenheit ist das bei Weitem häufigste Familienmodell in Deutschland und Österreich. Politische Korrektheit mit Fifty-fifty im Haushalt ist bei Familien mit Kindern – egal ob in der klassischen Variante oder als Patchwork – das Programm einer kleinen Minderheit und auch hier oft nicht das angestrebte Ideal, sondern eher einer finanziellen Notwendigkeit geschuldet.

Die politischen Alles-oder-nichts-Forderungen, sei es „Beide müssen Karriere machen“ oder das konservative „Er verdient, sie macht den Haushalt“ interessieren heutzutage kaum noch jemanden, jede Familie bastelt sich das für sie passende Gesamtkunstwerk zurecht.

Die Vorteile von Verschiedenheit werden wiederentdeckt: weniger Konflikte durch eine klarere Aufgabenverteilung, eine effizientere und qualitativ hochwertigere Erledigung der vielfältigen Aufgaben, die wie bei einem Unternehmen längerfristig auch zu wirtschaftlichen Vorteilen führt, und last, but not least: eine bessere Erschließung des eigenen Potenzials, weil man sich wieder entsprechend seiner wirklichen Veranlagungen entwickeln kann und nicht mehr mühsam versucht, ideologische Aussagen über die eigene Natur zu beweisen, die eben nur in der Ideologie stimmen. Und während sich die mediale und politische Diskussion immer noch weitgehend im Genderkreisverkehr dreht und selbsternannte Tugendwächterinnen streng darauf achten, dass niemand eine Ausfahrt nimmt, sind die meisten Familien bereits längst im Post-Gender-Zeitalter angekommen.

Bei fast all meinen Bekannten war die Geburt des ersten Kindes eine wichtige Zäsur, mit der sich das Leben und auch viele Pläne einschneidend geändert haben. Oft war von beiden ursprünglich ein genderkonformer Fifty-fifty-Lebensstil vorgesehen. Sie wollte ein oder zwei Kinder bekommen und sich dann so schnell wie möglich wieder ihrem Beruf widmen. Mit der Geburt des ersten Kindes kommt aber alles anders. In den ersten Jahren ist die Mutter-Kind-Bindung meist anders und stärker als die Vater-Kind-Bindung, sodass man vom Fifty-fifty-Modell fast automatisch und ohne Diskussionen abrückt. Dabei kommt die Korrektur der weiblichen Karriereplanung eher nicht vom Mann, sondern von der Frau selbst.

Auch die Sichtweise, dass der Mann quasi insgeheim triumphiert – ja, super, das Balg mag die Mama lieber, also darf ich mehr im Beruf arbeiten! –, kann nur von Ideologinnen kommen, die mit der realen Welt keinen besonders innigen Kontakt pflegen. Meistens ist genau das Gegenteil der Fall: Der Mann muss lernen damit umzugehen, dass die Mutter-Kind-Bindung einfach etwas sehr Spezielles ist und er sich daneben oft wie das fünfte Rad am Wagen fühlt und phasenweise auf die Rolle des Versorgers reduziert wird. Im Extremfall kommt er von einer längeren Dienstreise nach Hause und der fragende Blick des eigenen Kindes in Richtung Mama scheint zu sagen: „Was will dieser Mann denn hier?"

Wenn die Kinder älter werden, wird dann aber auch der Papa wichtig. Bei meinen Kindern war der Turnaround mit ca. drei Jahren und ich war auf einmal – zumindest beim Schlittenfahren – ganz hoch im Kurs. Bis zu diesem Alter wollten die

Kinder nie mit mir Schlitten fahren, weil die Mama das Tempo doch irgendwie kleinkindgerechter zu wählen wusste. Doch dann konnte es auf einmal gar nicht mehr schnell genug gehen.

Nach meiner Erfahrung ist eben gerade nicht die genderkorrekte Gleichheit der beste Erfahrungshorizont, sondern das Gegenteil: dass die Kinder mit verschiedenen Temperamenten, Prioritäten, Kommunikationsstilen und Action-Pegeln umgehen lernen. Der Entwicklungspsychologe Harald Werneck spricht von „Differenzerfahrungen" und der „Bereicherung durch die Andersartigkeit", die für die kindliche Entwicklung wichtige Impulse liefern.[72] Helfen uns Quotenregelungen für ein paar Aufsichtsrats- oder Vorstandsposten wirklich weiter, um den Spagat zwischen Beruf und Familie zu schaffen? Für die meisten Mütter und Väter sind ganz andere Themen wichtig: etwa die Anzahl und Qualität von Kinderbetreuungseinrichtungen, die Vereinbarkeit von Familie und Beruf und vor allem die Wertschätzung von Familienarbeit – nicht nur vom Ansehen her, sondern auch beim Pensionsanspruch. Wenn man sich bei einem Bewerbungsgespräch nicht mehr dafür genieren muss, dass man ein paar Jahre ganz- oder halbtags Familienarbeit geleistet hat, wäre das ein echter Fortschritt. Und so ein Fortschritt bräuchte gar nicht als Gnadenakt oder „Corporate Social Responsibility" eingeführt werden, das Abwerfen von überholtem ideologischem Ballast zusammen mit etwas Realitätssinn würde vollkommen ausreichen.

Genderforscherinnen bezeichnen das, was ich in diesem Kapitel beschreibe, etwas abfällig als „Retraditionalisierung" des Familienlebens. Aus einer naturwissenschaftlichen Perspektive betrachtet würde ich eher von einer „Rebiologisierung" sprechen – oder, etwas romantischer: von einem „Zurück zur menschlichen Natur", weg von einem technokratischen Menschenbild. Klingt doch gleich viel besser.

Aber ist diese Lebensform wirklich so rückständig, wie Genderforscherinnen uns das weismachen wollen? Ich denke, dass der feministisch motivierte Lebensstil im Sinne eines extremen Individualismus in Zeiten Sinn gemacht hat, in denen die Arbeitsplätze sicher waren und es jedes Jahr mehr Wohlstand zu verteilen gab. In Zeiten, in denen die gewohnten Sicherheiten des Wirtschafts- und Finanzsystems und der Pensionsversicherung immer brüchiger wirken, ist eine neue Fokussierung auf familiäre Systeme eine natürliche und instinktsichere Reaktion. Die Geschichte lehrt, dass in schweren Krisen die Einzelgänger als Erste untergehen.

Projektionen in der feministischen Bewegung

Der Schweizer Psychiater und Psychologe C. G. Jung (1875–1961) hat den Mechanismus der Projektion beschrieben. Er ging davon aus, dass jeder Mensch ein bewusstes Selbstbild hat, in dem die Eigenschaften vorkommen, die er mag und die gesellschaftlich anerkannt sind, dass gleichzeitig aber auch ein Schattenbereich existiert mit Eigenschaften, die zwar vorhanden sind, die der betreffende Mensch aber ablehnt und daher verdrängt. Es sind die blinden Flecken der Selbstwahrnehmung, Eigenschaften, die ein Außenstehender meist leicht erkennen kann, der Betreffende selbst aber nicht.

Wenn ihm oder ihr diese Eigenschaften nun in einem anderen Menschen begegnen, dann stellen sich starke negative Emotionen gegen diese Person ein, die eigenen Schatten werden stellvertretend im anderen wahrgenommen oder gar bekämpft. Das scheint von außen betrachtet oft merkwürdig und übertrieben, auf eine gewisse Weise kämpfen wir aber wohl alle gegen die eine oder andere eigene Eigenschaft, die wir auf andere projizieren. Der vollkommene Weise, der keine Schattenbereiche mehr hat, ist eher die Ausnahme. Diesen Mechanismus hat C. G. Jung nicht nur bei Einzelpersonen, sondern auch bei gesellschaftlichen Gruppen oder ganzen Völkern beschrieben. Besonders auffällig ist dabei der Mechanismus der Projektion bei radikalen Gruppierungen, bei denen ja immer stark emotional besetzte Feindbilder bekämpft werden.

Sieht man sich den Geschlechterkampf unter dem Gesichtspunkt der Projektion an, dann fallen auch hier die starken Emotionen auf, die im Spiel sind. Besonders emotional wird von Feministinnen die Aggressivität des männlichen Geschlechts angeprangert sowie die Schuld der Männer an kriegerischen Auseinandersetzungen in der Geschichte, aber auch in der Gegenwart. Gleichzeitig haben sie selbst mit ihrem Geschlechterkampf das kriegerische Prinzip und die Aggression mitten in die Familien getragen.

Auch die pauschale Verurteilung der Männer als unmoralische Wesen mit Hang zur Gewalttätigkeit lässt sich bei führenden Feministinnen unschwer als Projektion der eigenen Schattenanteile deuten. Als im Jahr 1994 eine amerikanische Ehefrau ihrem Mann im Schlaf mit dem Küchenmesser das Geschlechtsorgan abtrennte, um ihn für angebliche Untreue und Vergewaltigung zu bestrafen, fand das den wortreichen und ausdrücklichen Beifall führender Feministinnen, allen voran Alice Schwarzer.[73] Die Vergewaltigung und auch die Untreue wurden nie bewiesen und die Ehefrau vom Gericht für geistig unzurechnungsfähig erklärt – aber egal, Hauptsache, ein Mann wurde entmannt. Frau Schwarzer tritt also offen und wortgewaltig für archaische, vorzivilisatorische Verhaltensweisen ein: die blanke Selbstjustiz, noch dazu im Affekt ausgeführt. Wenn eine Frau glaubt, dass ihr Mann untreu war: ab in die Küche, sich das Messer schnappen und für Gerechtigkeit sorgen. So einfach kann es gehen.

Auch beim Umgang führender Feministinnen in Medien und Politik mit Gegnern ihrer Weltanschauung machen die viel gerühmten weiblichen Soft Skills gern einmal Pause. Interessant ist, wie viele männliche Journalisten und Politiker an dem regelmäßig ausgetragenen Entrüstungswettbewerb rund um die Schlechtigkeit des Mannes teilnehmen. Während die Kunst der Selbstgeißelung mit dem Ziel der eigenen moralischen Läuterung in kirchlichen Kreisen als nicht mehr zeitgemäß gilt, treibt sie in feministisch geprägten Milieus neue Blüten. Jahrhundertelang war es das weibliche Geschlecht, das darunter gelitten hat, dass ihm ein besonderes Naheverhältnis zur Sünde unterstellt wurde. Die feministische Bewegung hat es auch in diesem Punkt sehr gut verstanden, den Unsinn der vergangenen Jahrhunderte mit anderen Vorzeichen in der Gegenwart zu neuem Leben zu erwecken.

Bezüglich der katholischen Kirche – immerhin eine Lieblingsfeindin der feministischen Bewegung – drängen sich aber noch weitere Projektionsaspekte auf: Radikale Vertreterinnen raten vom heterosexuellen Geschlechtsverkehr ab, weil er ein Akt der Demütigung der Frau sei. Von dieser Form des Feminismus wollen sich viele junge Frauen befreien. Originalton der 37-jährigen Charlotte Elisabeth Grace Roche, Moderatorin und Bestsellerautorin („Feuchtgebiete" und „Schoßgebete"): „Was ich geschrieben habe, war für mich eine große Befreiung vom alten Feminismus. Und weil ich so erzogen wurde, habe ich mich wahrscheinlich nach dieser Befreiung gesehnt. Der alte Feminismus ist lustfeindlich, der hilft der Frau nicht."[74] Bei genauer Betrachtung weist auch das Verhältnis der feministischen Bewegung zu den Naturwissenschaften verblüffende Parallelen zur Haltung der katholischen Kirche in früheren Jahrhunderten auf: Das von Galileo vertretene kopernikanische Weltbild wurde von der katholischen Kirche lange bekämpft und eine Berufung auf Aristoteles als stichhaltiger bewertet als aktuelle Forschungsergebnisse. Auf gleiche Art und Weise wird heute von Genderideologinnen die biologische Behauptung der Gleichheit von Mann und Frau wie eine gottgegebene Tatsache verkündet, als Begründung reicht ein Name: Simone de Beauvoir. Unzählige biologische und neurologische Fakten werden einfach ignoriert, wenn Simone de Beauvoir es so gesagt hat, dann muss es stimmen.

Im Zusammenhang mit dem Projektionsaspekt ist auch interessant, dass sich der radikale Feminismus besonders im grün-alternativen Milieu großer Beliebtheit erfreut. Man versteht sich als Vorreiter und Vorbild in Sachen naturnaher Lebensweise, versucht aber gleichzeitig, die menschliche Natur in ein technokratisches und nicht nachhaltiges Ideal zu zwängen. Man tritt auch wacker gegen den Turbokapitalismus auf, gleichzeitig wurde die totale Ökonomisierung des Menschen aber erst durch den radikalen Feminismus möglich: Selbstverwirklichung im Beruf ist angesagt, den Laptop unterm Arm, ein professionelles Dauerlächeln im Gesicht, unverbindlich, ungebunden, als gut geöltes Rädchen der globalen Wirtschaft funktionieren – immer auf Abruf, heute Stuttgart, nächste Woche Singapur. Eine Familie gründen oder sich gar um das eigene Kind kümmern – das ist ein höchst verdächtiger Ausbruch aus der Wertschöpfungskette, dabei verdient man nichts und daran verdient auch niemand – so etwas Rückständiges muss verhindert werden! Dazu kommt, dass in Familien auch noch Werte jenseits der ökonomischen Verwertbarkeit vermittelt werden – das ist ja geradezu subversiv!

Urprinzipien und Gleichstellung

Ein kleiner Sprung über den Schatten

Im Folgenden möchte ich auf einen vielleicht etwas exotisch anmutenden Denkrahmen Bezug nehmen: die fernöstliche Urprinzipienlehre. Ja, ich weiß, das riecht gefährlich nach esoterischen Wir-haben-uns-alle-so-lieb-Räucherstäbchen, auch mir haben sich anfangs leicht die Haare gesträubt. Um Ihnen den Einstieg etwas zu erleichtern, ein paar Anmerkungen vorweg:

Zunächst einmal wurde diese Lehre vor rund 3.000 Jahren im Gebiet des heutigen China erstmals erwähnt, lange vor Erfindung der „Esoterik“; das Ablegen in dieser Schublade ist also historisch nicht gerechtfertigt. Die Urprinzipienlehre kann nicht naturwissenschaftlich hergeleitet oder bewiesen werden, weil sie sich grundsätzlich anderer Denkprinzipien bedient: Es wird in Analogien und nicht logisch-deduktiv gedacht. Diese Art des Denkens war in früheren Jahrhunderten auch bei uns üblich, man hat beispielsweise Zusammenhänge und Weisheiten in Form von Geschichten, Märchen und Gleichnissen weitergegeben. Warum sich die Urprinzipienlehre so lange erhalten hat und sich heute wieder zunehmender Beliebtheit erfreut, hat den Grund, dass sie funktioniert und eine andere Art von Verständnis ermöglicht, das unser gewohnt naturwissenschaftlich-deduktives Bild von der Wirklichkeit ergänzt.

Falls Sie die Tatsache beunruhigt, dass die Urprinzipienlehre nie naturwissenschaftlich bewiesen wurde, kann ich Sie beruhigen: Weite Teile der Naturwissenschaften beruhen auf sogenannten Axiomen – also auf unbewiesenen Behauptungen. Das ist nichts Unehrenhaftes. Die Mechanik baut beispielsweise zu einem guten Teil auf den „Newton'schen

Axiomen" auf. Natürlich hat Sir Isaac Newton diese nicht frei erfunden, sondern nach umfangreichen Experimentierreihen entwickelt. Letztlich durchgesetzt haben sie sich aber aus genau den gleichen Gründen wie die Urprinzipienlehre: Weil man mit ihnen gut arbeiten kann, weil man auf der Basis dieser Axiome zu in sich schlüssigen und experimentell überprüfbaren Schlussfolgerungen kommt – und weil sie bis heute nicht widerlegt werden konnten. Das gilt übrigens auch für Darwins Evolutionstheorie, die eine der Grundlagen der modernen Biologie ist.

Beim Lesen der nächsten Kapitel wird es für Sie zunächst so aussehen, als wären die Frauen von der Urprinzipienlehre benachteiligt – sämtliche Gleichberechtigungswarnsirenen in Ihrem Gehirn werden Großalarm geben. Das hängt mit den in unserer Epoche üblichen Wertungen zusammen. Im Laufe des Textes wird sich zeigen, dass die Urprinzipientheorie genau wie die Biologie vollkommen gleichberechtigt und mehr mit der naturwissenschaftlichen Sichtweise kompatibel ist, als es der erste Blick vermuten lässt.

Männliches und weibliches Prinzip

Gibt es so etwas wie ein männliches und weibliches Prinzip? Wenn wir auf die im Kapitel „Der Gleichheitsmythos" beschriebenen, biologisch bedingten Unterschiede zwischen Mann und Frau zurückblicken, scheint es ganz eindeutig so zu sein. Schauen wir weiter ins Tierreich, dann gibt es weit über die Artgrenze des Homo sapiens hinweg deutliche Gemeinsamkeiten zwischen den Männchen verschiedener Arten auf der einen und den Weibchen auf der anderen Seite. Dass es so etwas wie ein männliches und ein weibliches Prinzip gibt, haben Philosophen im Fernen Osten schon vor Jahrtausenden beschrieben und die Grundprinzipien jeweils mit bestimmten Qualitäten in Verbindung gebracht. Dabei wurde davon ausgegangen, dass die jeweils gegensätzlichen Qualitäten weder gut noch schlecht sind, sondern sich gegenseitig bedingen – wie der Plus- und der Minuspol eines elektrischen Stromkreises oder wie das Ein- und Ausatmen.

Die Zuordnung der Qualitäten wiederum ist für unsere Denkweise teilweise leicht, teilweise schwer nachvollziehbar. Intellekt (Yang, männlich) gegenüber Gefühl und Intuition (Yin, weiblich) oder Krieg (Yang) als Gegenpol zu Frieden (Yin) mag ja noch einigermaßen direkt aus biologischen Erkenntnissen ableitbar sein. Bei der Qualität Feuer (Yang) mag man an die seltsame Vorliebe der Männer für das Grillen oder auch für Verbrennungskraftmaschinen denken oder auch an den physiologisch bei Männern um 10 Prozent höheren Grundumsatz (man spricht beispielsweise von der „Verbrennung" von Kohlehydraten). Gemeint ist aber wohl mindestens ebenso sehr eine seelische Qualität des energischen Auftretens. Wasser steht symbolisch für Anpassungsfähigkeit und sanfte Kraft und wird mit Reinheit in Verbindung gebracht. Tätigkeiten des Waschens und Reinigens wurden dementsprechend nicht nur im Fernen Osten traditionell eher von Frauen ausgeführt. Bei Sonne (Yang) und Mond (Yin) wird es schon schwieriger. Hier wird auf abstrahlende bzw. aufnehmende oder reflektierende Eigenschaften z. B. in der Sexualität Bezug genommen, auch ein Zusammenhang mit Licht und Dunkelheit besteht.

Yin	**Yang**
innen	außen
schwer	leicht
unten	oben
Erde	Himmel
weiblich	männlich
ruhend	bewegt
Sanftmut	Aggression
passiv	aktiv
empfangend	gebend
negativ	positiv
intuitiv	rational
Mangel	Übermaß
Wasser	Feuer
Nacht	Tag
Unterbewusstsein	Bewusstsein
Mond	Sonne

Wichtig in unserem Zusammenhang ist, dass Frauen nicht nur das weibliche Prinzip verkörpern, sondern ebenso männliche Anteile in sich tragen und umgekehrt, „männlich“ als Qualität im Sinne der Urprinzipientheorie ist also nicht identisch mit dem Begriff „männlich“ als biologisches Geschlecht. C. G. Jung, der sich auch von der Urprinzipienlehre inspirieren ließ, sprach von dem weiblichen Seelenanteil beim Mann als der „Anima“ und vom männlichen Anteil der Frau als dem „Animus“.

Auf noch tieferer Ebene führt die Urprinzipienlehre zu der Erkenntnis, dass sich alle Phänomene auf jeweils zwei Grundqualitäten zurückführen lassen: auf positive und negative Ladungen im Atom, auf Tag und Nacht, männlich und weiblich, es gibt Gut und Böse, Leben und Tod, Säure und Base und jedes Computerprogramm ist letztlich auf die Grundqualitäten von 0 und 1 rückführbar. Diese Gegenpole bilden jeweils eine Einheit, bei der der eine Pol immer auch vom anderen abhängig und daher nicht allein existenzfähig ist.

Laut fernöstlicher Urprinzipienlehre ist das Leben ein Schwingen zwischen den verschiedenen Polen und gleichzeitig ein permanenter Balanceakt zwischen ihnen. Dieses Schwingen wird auch symbolhaft im Yin-Yang-Symbol dargestellt. Auch historische Epochen werden nach den Urprinzipien als ein Schwingen zwischen den Polen betrachtet, wobei mit dem vollständigen Aufgehen in einem Pol jeweils zwangsläufig ein Umschlagpunkt erreicht wird, bei dem das System dann wieder anfängt, sich in Richtung des anderen Pols zu entwickeln.

Geht's noch ein bisschen männlicher?

Die feministische Kritik an unserer Gesellschaft läuft darauf hinaus, dass es heute ein Übergewicht des männlichen Prinzips gibt. Dass wir beim Pendeln zwischen den Polen heute sehr weit im männlichen Bereich angekommen sind, entspricht auch nach der Urprinzipientheorie den Tatsachen – wie man an den heute üblichen Wertungen und Vorlieben in Hinblick auf männliche und weibliche Qualitäten sehen kann.

Fangen wir an mit dem Gegensatzpaar Mangel – Übermaß: Wir leben heute in einer Gesellschaft, in der materieller Wohlstand und Statussymbole sehr hoch bewertet werden. Täglich werden wir mit unzähligen psychologisch ausgeklügelten Werbebotschaften berieselt, die uns klarmachen wollen, was wir alles zu brauchen haben, um uns wohlzufühlen und sozial anerkannt zu werden. Das Wachstum der Wirtschaft und des Gesamtwohlstandes ist ein zentrales Credo unserer Epoche, in der ein archetypisch männliches Denken vorherrscht, das sich auch im gesellschaftlichen Ansehen verschiedener Berufsstände manifestiert. Die Ansehensskala spiegelt heute nur am Rande immaterielle Werte wie Bildung, Nützlichkeit oder „Würde" eines Berufsstandes wider, sie orientiert sich hauptsächlich an Einkommen und Macht. Lehrer, die für Bildung stehen, Kindergärtner und Handwerker sind in der Ansehensskala weit nach unten gerutscht, während Leute aus dem Finanzwesen, bei denen es oft nur noch um Geld als Selbstzweck geht, ganz oben zu finden sind.

Wir verfügen über einen nie dagewesenen materiellen Reichtum, der jedoch sehr ungleich verteilt ist: Die 62 reichsten Menschen besitzen so viel wie die arme Hälfte der Menschheit. Auch das spiegelt einen stark betonten männlichen Pol wider: Die Berufswelt wird immer mehr zu einem riesigen Wettkampfgeschehen. Die Gewinner verdienen 5 Millionen

Euro im Jahr, die Verlierer bekommen Hartz IV. Noch in den 1960er-Jahren war die Relation von Durchschnitts- und Spitzeneinkommen in Deutschland ca. 1 : 30. Heute sind wir bei 1 : 220 angekommen.[75] Und die größten Gewinner überhaupt sind Leute, die sich durch raffinierte und riskante Formen des Glücksspieles an der Börse bereichern – wieder ein typisch männliches Verhaltensmuster.

Auch unser Selbstbild ist überwiegend durch archetypisch männliches, rationales Denken geprägt. Die Vorstellung einer immateriellen Seele, wie sie es in den meisten Epochen und Kulturen gegeben hat, gilt als altmodisch. Wenn dann doch mal eine Neurose oder Depression aufkommt, geht man eher heimlich und verschämt zum „Seelenklempner" und hofft, dass auch die Seele mithilfe solider Handwerkskunst wieder geradegebogen werden kann.

Wenn wir uns die Yin-Yang-Tabelle anschauen, sehen wir sofort, wie sehr wir auch die anderen jeweils männlichen Qualitäten schätzen. Wir wollen alle „aktiv" sein, wir sind die Macher. Die Zuordnung der Qualität „passiv" zum weiblichen Pol klingt aus diesem Grund in unserer heutigen Zeit abwertend. Dabei sind für ein gelingendes Leben beide Qualitäten gleich notwendig, und beide sind voneinander abhängig.

Die archetypisch männliche Brille unserer Epoche führt auch bei der sehr emotional geführten Gleichheitsdebatte zu einer Wahrnehmungsverzerrung: Seit Jahrzehnten wird darüber diskutiert, ob Männer und Frauen unterschiedliche Fähigkeiten haben und ob diese die Berufswahl und den hierarchischen Aufstieg beeinflussen. Dass die viel bedeutsameren Unterschiede jedoch nicht in den Fähigkeiten, sondern in den Vorlieben, der Motivation und den Prioritäten liegen, wird kaum beachtet. Weil es in eine archetypisch männliche Denkwelt einfach nicht passt, dass solche passiven und wenig beeinflussbaren Voraussetzungen einen entscheidenden Einfluss auf unsere Karrieren als Macher und Macherinnen haben.

Genauso werden intensiv Unterschiede in der Gehirnstruktur diskutiert, während die riesigen Unterschiede im Bereich der Hormonausschüttung, die unser Verhalten und unsere Vorlieben stark beeinflussen, kaum der Rede wert sind – in einem mechanistischen Denken ist eben die Hardware das Entscheidende und nicht so etwas Subtiles und Instabiles wie irgendwelche Botenstoffe, die im Blut herumschwimmen und noch dazu starken Schwankungen unterliegen.

Den archetypisch männlichen Krieg samt dem dazugehörigen Antrieb der Aggression lehnen wir offiziell grundsätzlich ab. Schon als Kinder sollen wir nicht streiten und schon gar nicht raufen, sondern immer kleine Engel sein. Wir lernen, dass unsere Aggressionen zum Verdrängen und In-sich-Hineinfressen da sind. Leben wir also doch nicht in einer archetypisch männlichen Epoche?

Begibt man sich auf die Ebene der Urprinzipien und sieht sich die Verwirklichung und die Intensität des aggressiven Prinzips an, schaut die Welt etwas anders aus: Nur weil wir Aggressionen verdrängen, wie es uns ja auch die Frauenbewegung von Kindesbeinen an nahelegt, heißt es noch lange nicht, dass die Aggressionen deshalb verschwinden. Sie tauchen an anderen Stellen wieder auf – entweder nach außen wirkend oder gegen uns selbst: da werden Rosenkriege und Geschlechterkämpfe geführt, in Wirtschaft und Politik geht es oft kriegerisch zu und auch unser Verhältnis zur Umwelt und zur Dritten Welt ist letztlich ausbeuterischer, also kriegerischer Natur.

Auch die moderne Schulmedizin wird qualitativ vom männlichen Prinzip dominiert. Wenn eine Krankheit auftritt, wird sie möglichst früh erkannt und mechanistisch-rational bekämpft.

Mit Antibiotika, Antirheumatika und Antidepressiva oder mit chirurgischen Schnitten. Schmerzmittel heißen auf Englisch „pain killer" – ebenfalls ein aggressiv klingender Name. Dabei sind die eingesetzten Mittel sehr ausgefeilt und mächtig und wir können zu Recht stolz auf die Leistungsfähigkeit unseres modernen Gesundheitssystems sein. Dennoch fällt auf, wie stark die moderne Medizin im Bekämpfen von bereits ausgebrochenen Krankheiten ist und wie vergleichsweise schwach bei der Vorbeugung.

Traditionelle Heilsysteme – z. B. aus China oder Indien – sehen Krankheit weniger als einen zu bekämpfenden Feind, sondern als Zeichen für Ungleichgewichte im körperlichen oder seelischen Bereich. Sie versuchen daher, die Harmonie wiederherzustellen, wodurch dann letztlich Gesundheit wieder eintreten kann. Archetypisch betrachtet schwingt hier eine gewisse Passivität mit: Wenn Körper, Geist und Seele im Gleichgewicht sind, brauchen wir nicht mehr aktiv gegen die Krankheit kämpfen, weil das der Körper dann von alleine erledigt.

Auch die archetypisch männliche Sonne und der Tag werden mehr geschätzt als der Mond und die Nacht. Wir schätzen das Licht so sehr, dass Umweltschützer vor dem Phänomen der „Lichtverschmutzung" warnen. Unsere Städte werden heute rund um die Uhr beleuchtet. Leuchtreklamen und Straßenbeleuchtungen werden immer heller und im Winter sorgt die Weihnachtsbeleuchtung dafür, dass selbst die dunkelste Zeit des Jahres nicht mehr wirklich dunkel ist. Die fast allgegenwärtige künstliche Beleuchtung in der Nacht verursacht nicht nur täglich den Tod einer astronomischen Anzahl von Insekten, sondern beeinflusst auch die Psyche und die Schlafqualität des Menschen negativ. Das für den archetypisch weiblichen Schlaf wichtige Hormon Melatonin wird vom Körper nur bei Dunkelheit gebildet.

Für unseren Zeitgeist scheint die Zuordnung der Sonne als männliche und die des Mondes als weibliche Qualität ganz besonders frauenfeindlich und rückständig zu sein. Waren die Erfinder der Urprinzipienlehre etwa Machos?

Die Sonne ist ein aktiver Strahler, sie hat einen hohen Energieumsatz. Ohne sie gäbe es kein Leben, also ist sie zweifelsohne wichtiger als der Mond, oder? Ja, auf den ersten Blick. Doch während die Sonne nach Dominanz strebt, ist der Mond zurückhaltend und elegant, er strahlt selbst nicht, er lässt strahlen – leuchtet aber dennoch. Die Sonne erscheint wichtiger, aber ohne den Mond geht es genauso wenig. Er hält mit seiner Gravitationskraft die Erdachse in Position, die Längsachse bliebe ohne den Mond nicht um stabile 23,5 Grad geneigt, was eine Voraussetzung für ein fixes Klima ist. Ohne den Mond gäbe es auch keine Gezeiten, von denen Wissenschaftler annehmen, dass sie bei der Entstehung des Lebens eine entscheidende Rolle gespielt haben. Und der Mond wird wohl länger leben als die Sonne, weil Sonnen irgendwann verglühen. Auch in puncto Lebenserwartung ist er somit also näher am weiblichen Wesen. Vielleicht waren die fernöstlichen Weisen ja doch keine Machos?

Die mit Sonne und Mond verwandte Polarität der Qualitäten Dunkelheit und Licht beleuchtet geradezu modellhaft die Grenzen unseres logisch-rationalen, linearen Denkens: Das Mittelalter wird heute als „finster“ bezeichnet. Das ist natürlich „negativ“, weil man im Finstern nichts sehen kann. Also brauchten wir Licht – das Licht der Aufklärung. Und siehe da, man begann Dinge logisch-rational zu „erkennen“ und konnte dieses Verstehen in sehr praktischen technischen Erfindungen und medizinischen Fortschritten nutzen. So weit, so gut. Doch dann kamen die Tücken des linearen Denkens: Wenn ein bisschen Licht gut ist, dann ist doppelt so viel Licht doppelt so gut und 1.000 Mal so viel Licht … Sie können es sicher erraten. Das ist aber in der Realität nicht so, weil man in extrem hellem Licht geblendet wird und dann genauso wenig sieht wie in völliger Dunkelheit.

Im archetypisch weiblich geprägten Mittelalter haben die Menschen unter dem Nichtwissen und den Folgen des nicht rationalen Aberglaubens gelitten, heute wird für viele Menschen die Fülle des jederzeit verfügbaren Wissens zu einem Problem. Das Wissen, das wir anhäufen, wächst immer schneller. So entsteht die Gefahr, von einer multimedialen Wissens- und Informationsflut geblendet zu werden, in der man im Endeffekt nicht mehr sieht und „erkennt", sondern weniger. Manfred Spitzer hat in diesem Zusammenhang vor der Gefahr der „digitalen Demenz" gewarnt.[76] Dass das Licht der Aufklärung gefährliche Nebenwirkungen haben kann, zeigt geradezu symbolhaft eine der faszinierendsten Früchte der Aufklärung: die Entdeckung der Kernspaltung durch Albert Einstein. Bei einer atomaren Explosion wird neben Energie und radioaktiver Strahlung noch etwas freigesetzt: Licht. Unvorstellbar intensives Licht. Die Kernenergie verdeutlicht auch einen weiteren Aspekt der Urprinzipienlehre: dass die gegensätzlichen Prinzipien „positiv" – im Sinne von wünschenswert – und „negativ" – im Sinne des Gegenteiles – immer untrennbar miteinander verbunden bleiben. Mit der Kerntechnik kann man friedlich Energie gewinnen oder ganze Städte zerstören. Das Gleiche gilt für die im Rahmen der Feminismusdebatte so oft gescholtene Darwin'sche Evolutionslehre: Man kann mit ihr zu einem tieferen Verständnis der Natur und des Menschseins gelangen oder sie in pervertierter Form als geistige Grundlage für Angriffskriege und Rassismus verwenden. Jede neue Entdeckung hat diese zwei Gesichter.

„Negativ" – was für ein unschönes Wort. Der archetypisch weibliche Pol des Gegensatzpaares positiv – negativ hat definitiv ein Imageproblem. Wellnessgurus predigen, dass wir nur das positive Denken praktizieren und alles durch die rosa Brille anschauen sollen, schon sind wir ständig gut drauf und das Leben wird schön. Wenn ich aber die negative Seite ausblende, verliere ich den Kontakt der Realität zur Hälfte und werde von einem Misserfolg zum nächsten stolpern und irgendwann so viel „Negatives“ erleben, dass es nicht mehr möglich ist, das auszublenden. Mit der Vorstellung, ständig positiv und gut drauf zu sein, überfordern wir uns oft selbst. Auch eine Autobatterie kommt nicht ohne „negativen“ Pol aus.

Eine weitere Qualität, die sich im Moment großer Beliebtheit erfreut, ist das – ebenfalls archetypisch männliche – Feuer. Unser derzeitiger Lebensstil wäre undenkbar ohne den Verbrennungsmotor, und selbst bei Kernkraftwerken spricht man von nuklearen „Brennstoffen“, obwohl hier im chemischen Sinne gar keine Verbrennung stattfindet. Die Nebenwirkungen der exzessiven Verbrennung fossiler Brennstoffe auf das Klima und die Luftqualität sind hinlänglich bekannt und die nuklearen Abfälle werden jahrtausendelang ein „strahlendes“ Problem sein.

Das archetypisch weibliche Wasser hingegen wird verschmutzt und die Knappheit an qualitativ hochwertigem Wasser ist in vielen Gegenden der Welt eines der drängendsten Probleme. Insgesamt steuern wir auf eine globale Erwärmung zu, ähnlich einem überhitzten Motor, bei dem zu viel verbrannt wird und bei dem das Kühlwasser nicht ausreicht. Kein Wunder, dass auch seelisch ein Gefühl des Ausgebranntseins um sich greift.

Bezüglich des Gegensatzpaares außen – innen ist die Vorliebe für den archetypisch männlichen Pol ebenfalls mehr als deutlich. Der introvertierte Mensch wird weniger geschätzt und schnell als Sonderling abgestempelt. Der extrovertierte ist da schon gefragter, auch auf die Gefahr hin, dass es sich um einen Blender handelt. Wir neigen dazu, Menschen oder Dinge mehr nach ihrem Schein als ihrem Sein zu beurteilen.

Körperliche Attraktivität wird hoch bewertet und auch bei Produkten ist das Marketing – also die Verpackung und das transportierte Image – oft wichtiger als das Produkt selbst. Es ist auch kein Zufall, dass sich heute Berufe, bei denen es rein ums Äußerliche oder um ein „So tun als ob" geht – wie bei Models oder auch Schauspielern –, eines im historischen Vergleich sehr hohen Ansehens erfreuen.

Interessant beim Gegensatzpaar innen – außen ist auch, wie die Ergebnisse der Gehirnforschung hier mit der Urprinzipientheorie übereinstimmen: Psychische Krankheiten, die nach innen wirken, z. B. Depressionen und Angststörungen, sind bei Frauen wesentlich häufiger, solche, die nach außen wirken, z. B. antisoziales Verhalten, Hyperaktivität, bei Männern.

Auch bezüglich kriegerischer Aktivitäten ist die Zuordnung aufschlussreich. Männliche Kriege zielen meist auf einen äußeren Feind, der feministische Geschlechterkampf hingegen wirkt im Innersten der Gesellschaft, bis in die einzelnen Familien hinein.

Die Verknüpfung der Qualität „außen" mit dem archetypisch männlichen Prinzip kann vielleicht auch einen merkwürdigen Widerspruch in der Entwicklung der letzten 50 Jahre erklären: Die feministische Ideologie hat auf doch sehr umfassende Art und Weise die Vorherrschaft in unserer Gesellschaft übernommen, dennoch ist es ihr nicht einmal ansatzweise gelungen, die starke Fixierung auf äußerliche körperliche Qualitäten besonders bei Frauen zu verringern. Ganz im Gegenteil. Nach der Urprinzipientheorie war das auch nicht anders zu erwarten, weil in einer archetypisch männlich geprägten Epoche eine Abkehr von der Fixierung auf Äußerlichkeiten nun mal sehr schwer durchsetzbar ist.

Die Darstellung der Urprinzipienlehre kann hier nur grob zusammenfassend erfolgen. Als weiterführende Lektüre seien die Bücher von Ruediger Dahlke und Thorwald Dethlefsen[77, 78] empfohlen, in denen auch das Thema Projektion ausführlich behandelt wird.

Was man aus der Zusammenfassung jedoch ersehen kann, ist, dass die für den westlichen Leser eigentlich voneinander unabhängigen Qualitäten Sonne bzw. Licht, Krieg, Intellekt, außen, positiv und Feuer irgendwie miteinander zusammenhängen. Auf der anderen Seite scheinen auf ähnliche Weise die archetypisch weiblichen Qualitäten wie Mond bzw. Dunkelheit, Frieden, Intuition, innen und Wasser einen inneren Zusammenhang zu haben.

Ich spüre, dass ich denke – ist doch logisch!

Ich denke, also bin ich – rationales Denken

Besonders stark ist die Betonung des archetypisch männlichen Pols heute bei unseren bevorzugten Denk- und Argumentationsstrategien. Logisch deduktives Denken und Begründen wird geschätzt und in einer Diskussion als schwergewichtig anerkannt. Intuitive, nicht rationale Herangehensweisen – das berühmte „Bauchgefühl" – und das Denken in Analogien werden eher belächelt. Eine wissenschaftliche Aussage dagegen gilt per se als glaubwürdig und objektiv, obwohl dies eigentlich nur unter vier Voraussetzungen gerechtfertigt ist:

1. Die Komplexität des untersuchten Systems ist nicht zu hoch.

2. Niemand, der den Forscher beeinflussen kann, hat ein Interesse daran, dass ein bestimmtes Ergebnis erzielt wird.

3. Der verantwortliche Wissenschaftler beherrscht sein Fachgebiet.

4. Er (oder sie) schummelt nicht.

Die wissenschaftliche Methodik hat ihren Siegeszug ursprünglich im archetypisch männlichen Bereich der äußerlichen Dinge angetreten: Problemstellungen der Physik, Chemie, Biologie und Mathematik – also im Bereich der sogenannten „harten" Wissenschaften – lassen sich sehr exakt beschreiben, die Ergebnisse sind klar darstellbar und durch kontrollierte Experimente jederzeit wiederholbar und damit auch überprüfbar. In diesen Wissenschaften kann man auch die Komplexität und die Anzahl der Variablen (Einflussgrößen) sinnvoll wählen, sodass Probleme exakt lösbar werden. Als Chemiker kann ich beispielsweise in einem kontrollierten Experiment genau zwei Molekülsorten bei definierter Temperatur zur Reaktion bringen und untersuchen, was dabei herauskommt. So ein einfaches System kann man wirklich exakt verstehen und beschreiben. Sowie die Thematik allerdings politischen oder wirtschaftlichen Interessen unterliegt, der Forscher also unter Druck gesetzt wird, gibt es auch hier viele Möglichkeiten, die Ergebnisse in Richtung „erwünschter" Resultate zu beeinflussen, sei es durch eine geschickte Wahl der Fragestellung oder durch entsprechende Datenauswertung und Darstellung der Ergebnisse.

Angeregt durch den Siegeszug der wissenschaftlichen Methodik im Bereich der Naturwissenschaften wurden und werden zunehmend auch archetypisch weiblichere Bereiche wissenschaftlich untersucht: z. B. das menschliche Innenleben in der Psychologie, das gesellschaftliche Innenleben in der Soziologie, dazu kamen Wirtschafts- und Politikwissenschaften und andere „weiche" Disziplinen. Bei allen diesen ist die

Komplexität der untersuchten Systeme und damit die Anzahl der Einflussfaktoren nahezu unendlich, wodurch die Ergebnisse für den Wissenschaftler formbarer werden. Phänomene sind zwar statistisch gut beschreibbar, kausale Zusammenhänge im Sinne einer „Wenn-…-dann"-Aussage aber schwer beweisbar. Das bedeutet, dass die viel besungene Freiheit der Forschung gerade für die weichen Wissenschaften essenziell ist: Sobald ein gesellschaftlicher oder auch finanzieller Druck in eine Richtung ausgeübt wird, werden die Wissenschaftler und Wissenschaftlerinnen selbstverständlich die Formbarkeit ihrer Resultate ausnutzen, um ausschließlich und punktgenau erwünschte Ergebnisse abzuliefern, die dann allerdings nicht mehr der Erkenntnis dienen, sondern den Interessengruppen, von denen der Druck ausgeht.

Wenn beispielsweise Geschlechterfragestellungen im Rahmen von „Frauenwissenschaften" untersucht werden, wird schon im Namen einer ganzen Forschungsdisziplin mit erstaunlicher Offenheit dargelegt, dass hier der Anspruch an wissenschaftliche Objektivität gar nicht mehr vorhanden ist. Auch nach Umbenennung in „Genderwissenschaften" bleibt ein klares Bekenntnis zur Genderideologie und damit zu interessengebundener Forschung bestehen.

Ein Beispiel für eine ideologisch voreingenommene Forschung ist die im Kapitel „Der Gleichheitsmythos" erwähnte Studie zu männlicher und weiblicher Kommunikation von Matthias Mehl von der Arizona University aus dem Jahr 2007, bei der die Testpersonen Studierende der Psychologie im Alter von 17 bis 23 Jahren waren. Das Ergebnis wurde international in der Presse als Meilenstein der Genderforschung gefeiert: Dass Frauen mehr reden als Männer, war laut Mehl ein Vorurteil, die gefundene täglich gesprochene Wortanzahl war fast gleich. Wie aussagekräftig kann dieses Ergebnis sein?

Psychologiestudierende lassen sich in einem Beruf ausbilden, in dem es auf kommunikatives Geschick und Gespür für die Befindlichkeit anderer Menschen ankommt. Ziel ist meist eine heilende Tätigkeit. Männer, die sich von diesem Tätigkeitsprofil angesprochen fühlen, verfügen über ausgeprägtere weibliche Persönlichkeitsanteile als der Durchschnittsmann.

Im Alter von 17 bis 23 Jahren ist der Drang, Kontakt zum anderen Geschlecht zu knüpfen, besonders stark, die männliche Testosteronausschüttung ist auf dem Höchststand. Auch die wortfaulsten Männer werden gesprächig, wenn das Testosteron in ihren Adern kocht und viele Frauen anwesend sind.

Schon die hohe Zahl der gesprochenen Wörter, rund 16.000 am Tag, ist auf den ersten Blick auffällig und liegt fast doppelt so hoch wie bei anderen Studien.

So eine Studie lässt wissenschaftlich korrekt nur Aussagen über Psychologiestudierende im Alter von 17 bis 23 Jahren zu.

Bereits nach fünf Minuten googeln kann man zu einer aussagekräftigeren Aussage kommen: *„Geschlechterverteilung der durchschnittlichen täglichen Telefondauer von ein- und ausgehenden privaten Gesprächen in Minuten (2008).*" Danach folgt ein Balkendiagramm, das bei Frauen einen deutlich größeren Balken zeigt als bei Männern: 54 weibliche Telefonminuten gegen 38 männliche.[79] Also reden deutsche Frauen am Telefon privat um immerhin 42 Prozent mehr als deutsche Männer.

Dazu kommt dann noch die Tatsache, dass Frauen eine deutlich höhere Neigung zu beziehungsorientierten Berufsbildern haben als Männer. Das Wissenschaftlerteam der Arizona University ging stillschweigend davon aus, dass Kindergärtnerinnen und Verkäuferinnen genau gleich viel sprechen wie Kranfahrer und Elektriker. Das heißt, der reale Unterschied über die gesamte Bevölkerung liegt weit über 42 Prozent, die Ergebnisse der Studie haben also nichts mit der Realität zu tun.

Warum aber berücksichtigt Mehl den Einfluss der unterschiedlichen Berufe nicht? Weil er von der Gendertheorie ausgeht: Die Berufswahl erfolgt danach aufgrund der gesellschaftlichen Sozialisation und nicht aufgrund angeborener Unterschiede. Aus dem gleichen Grund glaubt er, dass Psychologiestudenten als Testgruppe geeignet sind, weil ja auch die Studienrichtungswahl laut Gendertheorie nichts mit dem Geschlecht zu tun hat. Sonst hätte er ja beispielsweise auch ein paar Maschinenbau- oder Mathematikstudenten in die Studie hineinnehmen können, die wären vermutlich etwas schweigsamer gewesen. So aber ist sein Ergebnis ein Zirkelschluss: Er verwendet Steuergelder, um zu beweisen, dass die Gendertheorie stimmt, unter der Voraussetzung, dass die Gendertheorie stimmt. Das ist genauso sinnvoll, wie wenn ein Wissenschaftlerteam monatelang forscht, um die Welt um die Erkenntnis zu bereichern, dass eine Wand rot ist, unter der Voraussetzung, dass man sie vorher rot angemalt hat. Der Trick liegt in der Darstellung: Die Voraussetzung wird so weit verschleiert, dass als Ergebnis etwas Großes entsteht: Endlich wurde bewiesen, dass Männer und Frauen auch in der Kommunikation gleich sind, alle früheren Ergebnisse wurden natürlich von rückständigen und frauenfeindlichen Forschern produziert!

Dieses Beispiel ist keineswegs ein Einzelfall: In psychologisch orientierten Genderforschungsarbeiten ist es sehr üblich, Psychologiestudierende als repräsentativ für Männlein und Weiblein der Gattung Homo sapiens anzusehen – sie sind einfach am leichtesten verfügbar.

Was gibt es noch so alles in der Trickkiste, um eine nicht vorhandene Gleichheit zu beweisen? Zunächst einmal mache man es wie Herr Mehl und nehme eine möglichst homogene Testgruppe, was auch rein organisatorisch am leichtesten durchführbar ist. Man befragt also Psychologiestudenten einer möglichst engen Altersgruppe, Berufsanfänger, Schulabgänger, berufstätige Akademiker einer bestimmten Branche und dergleichen und erklärt diese Testgruppe als repräsentativ für den Homo sapiens. Damit ist schon mal ein schönes Stück Gleichheitsillusion geschafft. Dann stelle man bei Umfragen möglichst suggestive Fragen, am besten mit Schlagwörtern aus der seit Jahrzehnten geführten Mediendiskussion wie „gläserne Decken", „Gleichberechtigung", „Benachteiligung der Frauen". Damit dockt man am Konformismus des Menschen an: Was die Zeitungen seit Jahrzehnten schreiben, kann ja gar nicht falsch sein, oder? Man fragt also wörtlich nach den gläsernen Decken und bekommt als Ergebnis, dass natürlich die Männer die Frauen unterdrücken, es ist ein Skandal. Fragt man neutral zum Thema „Zufriedenheit am Arbeitsplatz", erfährt man so ganz nebenbei, dass Frauen eigentlich lieber Männer als Chefs haben, das mit der Unterdrückung kann dann wohl doch nicht ganz so schlimm sein. Und: Wenn das Ergebnis „gleich" sein soll, ermöglicht man ein möglichst unentschlossenes Durchlavieren durch die Fragestellungen, indem man die Befragten zu keinen Entscheidungen zwingt. Wenn man auf die Frage „Arbeiten Sie lieber unter einem männlichen oder einem weiblichen Chef?" die Antwort „mir egal" zulässt, dann kommt als Ergebnis nur eine leichte Bevorzugung von männlichen Chefs heraus. Wenn man dagegen nur „männlich" oder „weiblich" zulässt, dann wollen auf einmal 66 Prozent der Frauen einen Mann als Chef haben. Mit so einem Ergebnis macht man am Genderforschungsinstitut dann keine Karriere. Das Gleiche gilt bei den Lebenszielen. Wenn man alle gleich wichtig finden kann, also Einkommen, beruflichen Aufstieg, Work-Life-Balance, Sinnerfüllung, gelungene Beziehungen – dann sind die Geschlechtsunterschiede relativ klein, wenn man dagegen Prioritäten von 1 bis 5 nennen muss ohne Mehrfachnennungen, weil man ja auch im wirklichen Leben nicht alles unterbringen kann, dann kommt heraus, dass Männer und Frauen unterschiedliche Ziele haben und es daher völlig in Ordnung ist, dass sie auch verschiedene Ergebnisse erzielen.

Das Wichtigste bei den verschiedenen Gleichheitsbeweisen und damit die oberste Regel der Genderforschung ist aber: Frage niemals Mütter! Was die antworten, ist meistens hochgradig politisch unkorrekt. Mütterumfragen sind der Horrortrip der Genderforschung. Daher: am liebsten junges Volk befragen, das gerade eine Ausbildung macht, oder junge Berufstätige. Mütter, die in Karenz sind, fallen bei allen diesen Umfragen schon mal automatisch weg, und bei jungen Testgruppen sind die Mütter, die schon wieder in Ausbildung oder Beruf sind, selten.

So, mit diesen kleinen, aber feinen Tricks hat man schon mal ziemlich brauchbare Zahlen erhalten, und die werden natürlich auch noch passend ausgewertet und dargestellt. An dieser Stelle kommt der Zauber der Statistiktrickkiste und Zahlenjongliererei. Am Schluss steht dann die Erkenntnis, die man ursprünglich haben wollte – und sie sieht so schön objektiv aus.

Ich spüre, dass ich bin – nicht rationale Zugänge

Sosehr wir wissenschaftlich rationale Aussagen schätzen, auch wenn diese nicht selten aus willkürlich herbeigeführtem Statistik-Hokuspokus bestehen, so gering schätzen wir die dem weiblichen Prinzip zugehörige Intuition. Wenn wir etwas intuitiv entscheiden, gehen wir meistens den Weg, dass wir hinterher rationale Gründe finden, um unsere Entscheidung vor anderen – oder auch uns selbst – zu rechtfertigen.

Dennoch hört man immer wieder von erfolgreichen Unternehmern wie z. B. Steve Jobs, wie wichtig die sogenannte Bauchentscheidung für sie ist:

„Your time is limited, so don't waste it living someone else's life. Don't be trapped by dogma – which is living with the results of other people's thinking. Don't let the noise of others' opinions drown out your own inner voice. And most important, have the courage to follow your heart and intuition. They somehow already know what you truly want to become. Everything else is secondary."

Auch Sigmund Freud empfahl bei Grundsatzentscheidungen, die das eigene Leben betreffen, intuitive Entscheidungen: *„Beim Treffen einer Entscheidung von geringer Bedeutung fand ich es immer vorteilhaft, alle Vor- und Nachteile zu prüfen. In lebenswichtigen Angelegenheiten jedoch, wie der Wahl eines Ehepartners oder eines Berufes, sollte die Entscheidung aus dem Unbewussten kommen, von einem Ort in uns drin. In den wichtigsten und persönlichsten Entscheidungen unseres Lebens sollten wir – denke ich – von den tiefen inneren Bedürfnissen unseres Wesens gelenkt werden."*

Selbst bei großen naturwissenschaftlichen Entdeckungen gibt es Schilderungen, wie diese oft nach fachlich rationaler Analyse spontan aus dem intuitiven Bereich heraus oder sogar im Traum entstanden sind. Angeblich fand Kekulé die Strukturformel des Benzolringes im Traum und Nils Bohr soll sein Atommodell geträumt und dann erst rational „dingfest" gemacht haben. Einige der bedeutendsten Naturwissenschaftler, allen voran Albert Einstein und Charles Darwin, waren religiöse Menschen und damit nicht nur im logisch-rationalen Denken zu Hause, sondern auch im Bereich des Nichtrationalen.

Auch das Denken in Analogien und Symbolen, wie es in früheren Kulturen üblich war, ist uns heute suspekt. Wir tun so, als ob ein Ehekrieg etwas ganz anderes wäre als ein

Krieg zwischen bewaffneten Armeen. In solchen Fällen gibt die Sprache verlässliche Hinweise auf Analogien. Es ist eben kein Zufall, dass man von „Ehekriegen" spricht oder auch in der Welt der Wirtschaft ständig „intuitiv" zu kriegerischem Vokabular greift. Man könnte ja auch Metaphern aus dem Bereich des Gartens oder der Küche verwenden, tut es aber nur selten.

Es deutet also vieles darauf hin, dass die Kombination von archetypisch männlichen und weiblichen Denkansätzen gewisse Vorteile bietet.

Im historischen Kontext kann man sehen, dass in unserer Kultur, ausgehend vom „finsteren" Mittelalter, das wissenschaftlich-rationale Denken einen eindrucksvollen Siegeszug angetreten hat. Dieser Siegeszug ist inzwischen so umfassend, dass wir dabei sind, unsere eigenen Lebensgrundlagen, das Ökosystem Erde, nachhaltig ausgerechnet auf materieller Ebene zu schädigen. Auf der körperlichen Ebene hat das Betonen des materiellen Aspekts ebenfalls zu großen Fortschritten im medizinischen Bereich und einer stark gestiegenen Lebenserwartung geführt, während wir gleichzeitig im seelischen Bereich immer mehr auf dem Zahnfleisch gehen. Wer hat vor dreißig Jahren außer ein paar Experten gewusst, was Bulimie, ADHS, Midlife-Crisis oder ein Burn-out ist?

Mir kommt die Interpretation nach den Urprinzipien am schlüssigsten vor: Wenn ich ein Prinzip, hier das archetypisch weibliche Denken und Handeln, verdränge und unterdrücke und mich ganz auf den anderen Pol fixiere, erzwingt dieser andere Pol schließlich die Rückbesinnung auf den unterdrückten Pol. Sinnbildlich damit übereinstimmend ist, dass die härteste der harten Wissenschaften, die Physik, über den Welle-Teilchen-Dualismus, die Heisenberg'sche Unschärferelation und die Umwandlung von Masse in Energie inzwischen in vielen Fragen zu geradezu esoterisch anmutenden Aussagen kommt.

Die Aufklärung hat uns den Vorrang des rationalen Denkens gebracht, vereinfacht gesprochen: Vernunft statt Glauben und Religion. Ihr oberstes Ziel war es, den Menschen zu lehren, sich auf seinen Verstand und seine kritische Urteilskraft zu verlassen. Mittlerweile hat das wichtigste Hilfsmittel der Aufklärung, die Wissenschaft, teilweise eine geradezu gegenteilige Wirkung: Wissenschaftliche Ergebnisse sind inzwischen so komplex, dass der Normalbürger sie nicht einmal mehr ansatzweise verstehen kann. Daher werden sie immer mehr fatalistisch und obrigkeitshörig angenommen, mit der gleichen Haltung, mit der früher religiöse Wahrheiten von den entsprechenden Autoritäten kritiklos übernommen wurden. So befördert die Wissenschaft zunehmend nicht mehr die geistige Unabhängigkeit der Menschen, sondern ihre Manipulierbarkeit.

Dass der Umgang mit Wissenschaft heute religiösen Formen nicht ganz unähnlich ist, sieht man besonders deutlich an den Wirtschaftswissenschaften. Da wird demütig und ehrfürchtig eine „unsichtbare Hand" verehrt, die zwar hart strafen kann, aber denjenigen reich belohnt, der an sie glaubt und ihr dient. Nur dass hier nicht die Hand Gottes gemeint ist, sondern die des Marktes. Ihre Propheten sind die Wirtschaftsweisen, die jährlich in einer andächtig verfolgten Zeremonie streng über ihre Halbbrille blicken und die Zukunft vorhersagen, nicht ohne ein paar mahnende Worte an die Gläubigen zu richten und mehr Tugendhaftigkeit zu fordern. Das Fußvolk wiederum interessiert sich weniger für die weisen Worte der Propheten, sondern huldigt lieber direkt in den Konsumtempeln – die ja auch nicht grundlos so heißen. Auch die große Popularität der relativ jungen Disziplin der Zukunftsforschung dürfte wohl daran liegen, dass hier ein ursprünglich religiöses Bedürfnis nach Prophetie gestillt wird. Wissenschaftlich betrachtet gibt es eigentlich nichts Unerforschbareres als die Zukunft einer

Gesellschaft, die ja ein hochkomplexes System mit praktisch unendlich vielen Variablen darstellt.

Wenn man in einem Gedankenexperiment einmal die Wissenschaft als Religion des männlichen Prinzips deutet und klassische Religionen als die des weiblichen Prinzips, dann kommt man zu erstaunlich symmetrischen Beschreibungen der jeweiligen Extrempunkte der Geschichte: Die christliche Kirche war in ihren Anfängen eher im Widerstand zur staatlichen Gewalt und nicht selten von dieser verfolgt. Sie trat für die spirituelle Befreiung der Menschen ein. Mit zunehmendem Erfolg wurde sie nach und nach zu einer Verbündeten der Staatsgewalt und im Mittelalter selbst zu einem bedeutenden Machtfaktor – sie leistete nun eher Beihilfe zur Unterdrückung als zur Befreiung. Dabei hat die Kirche ihre Deutungshoheit weit über ihren eigentlichen Kompetenzbereich hinaus in Richtung naturwissenschaftliche Fragen ausgedehnt, was jedoch langfristig ihre Glaubwürdigkeit stark beschädigte. Ausgerechnet Männer haben hier den Extrempol des nicht rationalen, weiblichen Prinzips ausgelebt und ausgerechnet Frauen waren hier durch die Hexenverfolgungen gefährdet. Vielleicht haben diese Kirchenleute ja in den angeblichen Hexen die Projektion ihrer eigenen schon fast wahnartigen Nichtrationalität verurteilt?

Als Gegenbewegung entstand das wissenschaftliche Denken, ursprünglich als eine Befreiungsbewegung gegen die Macht und die übertriebene Nichtrationalität der alles dominierenden Kirchen. Heute, am Zenit des archetypisch männlichen Denkens, tut die Wissenschaft als Religion des männlichen Prinzips das Gleiche wie die Kirche 1.000 Jahre zuvor, nur mit umgekehrten Vorzeichen: Sie lässt sich von den Mächtigen instrumentalisieren und weitet nun ihrerseits ihre Deutungshoheit in Richtung archetypisch weibliches Terrain aus, wo ihre Aussagen beliebig und kraftlos werden. Hier sind

Frauen in der wohl extremsten Form dieser Überdehnung – den Genderwissenschaften – federführend und drängen die Männer in die Defensive. Die Geschichte scheint eine Vorliebe für Paradoxa zu haben.

Der aufklärerische Impetus des „Benutze deinen eigenen Verstand" wurde längst in sein Gegenteil verkehrt: Weite Teile der Wissenschaften haben sich mit der Political Correctness verbündet, die uns heute vorschreiben will, zu allem gläubig Ja und Amen zu sagen, was uns von Trägern klangvoller wissenschaftlicher Titel aufgetischt wird. Kritisches Hinterfragen, die Grundlage jeder echten Wissenschaft, ist in diesen Bereichen zur Ketzerei erklärt worden und wird nicht argumentativ oder durch wissenschaftlichen Beweis entkräftet, sondern rein auf der Machtebene bekämpft. Gleichzeitig sinkt das Ansehen der Wissenschaft in der Bevölkerung, die in jeder politischen Debatte deren zunehmende Beliebigkeit und den immer durchsichtiger werdenden Interessengehorsam live mitverfolgen kann.

Die Menschen spüren, dass der rein rationale Zugang nicht mehr ausreicht, um die Komplexität und die Informationsfülle des modernen Lebens zu bewältigen. Folgerichtig ist geradezu eine Gier nach nicht rationalem Denken ausgebrochen: Eine Buchreihe wie Harry Potter, in der es hauptsächlich um magische Begebenheiten geht, war einer der größten Bucherfolge der letzten Jahrzehnte. Auch der Esoterikboom und das wachsende Interesse an religiösen und pseudoreligiösen Angeboten sind nicht zu übersehen. Klarerweise wimmelt es hier nur so vor Scharlatanerie und zweifelhaften Sekten, die den Direktflug zur Erleuchtung zum Billigtarif anbieten, und manche verlieren bei Übertreibungen die Bodenhaftung. Das belegt aber nicht die Unsinnigkeit des Bedürfnisses nach nicht rationalen Zugängen – das Angebot an wissenschaftlich-rationalem Wissen enthält ja auch Unmengen von Fehl- und

Pseudoinformationen, die moderne Form von (wissenschaftlichem) Aberglauben.

Auch das wachsende Interesse an sogenannten alternativen Heilmethoden als Ergänzung zur Schulmedizin zeigt, dass wir uns in einer Umbruchzeit befinden: Waren früher Homöopathie, Akupunktur, TCM, Bachblüten, Naturheilkunde, Yoga, Meditationstechniken & Co. eher einigen belächelten Esoterikern vorbehalten, so sind sie heute in der Mitte der Gesellschaft angekommen. Selbst christlich inspirierte Lebensweisheit wird, trotz der nach wie vor großen Imageprobleme der Kirchen, wieder populär: Bücher von Weisheitslehrern wie dem Mönch Anselm Grün erreichen Rekordauflagen, die meditativen gregorianischen Gesänge von Zisterziensermönchen waren in England sogar in den Top Ten der Pop Charts und der Dalai Lama wird von vielen verehrt, die sonst jegliche Form von Religion weit von sich weisen.

Was die nach billigem Klischee klingende Zurechnung der Qualität „nicht rational-intuitiv" zum weiblichen Pol und „rational-logisch" zum männlichen betrifft, so zeigt sich einmal mehr, dass Klischees zwar mit Vorsicht zu genießen sind, weil sie zum Missbrauch einladen, dennoch aber oft einen wahren Kern haben: Männer sind nach wie vor häufiger in Bereichen zu finden, in denen Technik und logisch systematisierendes Denken benötigt werden, während Frauen über eine höhere emotionale und intuitive Intelligenz verfügen, deutlich häufiger an Gott glauben und viel häufiger beten. Im überwiegend katholischen Österreich gibt es rund doppelt so viele Nonnen wie Mönche und das ganz ohne „Girls-in-die-Kirche-Days". Auch hier ist die Genderthese, dass die Unterschiede allesamt anerzogener Natur sind, nicht überzeugend, weil gerade Religiosität in hohem Maße in der Familie weitergegeben wird. Wie soll hier die unterschiedliche Sozialisation funktionieren? Werden Eltern mit der Tochter ein Gute-Nacht-Gebet sprechen, den Sohn aber heimlich beiseite nehmen und ihm zuraunen, dass das alles nur Humbug ist? Gerade dem katholischen Christentum wird ja immer wieder vorgeworfen, dass es eine zu „männliche" Religion ist. Dennoch wird sie viel häufiger und intensiver von Frauen praktiziert als von Männern – nach Urprinzipientheorie auch nicht anders zu erwarten.

Schafft Genderforschung Wissen?

Die Frauenbewegung liegt – wie alle anderen Ideologien – geistig nahe am männlichen Pol. Einseitiges, konfrontatives und mechanistisches Denken entspricht dem männlichen Urprinzip, daher kommt der Wissenschaft in der Frauenbewegung eine Schlüsselrolle zu.

Die Genderforschung ist in der Wissenschaftslandschaft ein sehr ungewöhnliches Phänomen: Es ist eine geisteswissenschaftliche Disziplin, deren Fundament aber eine naturwissenschaftliche Behauptung ist, nämlich die Gleichheit von Mann und Frau. Die Tatsache, dass diese Grundhypothese von allen zuständigen Wissenschaftsdisziplinen, der Evolutionsbiologie, der Neurologie, Genetik und auch der Gehirnforschung mit großer Beweiskraft als Irrtum bezeichnet wird, scheint die Genderforscherinnen dabei überhaupt nicht zu interessieren. Das ist ungefähr so sinnvoll, wie wenn eine Architektin ein Haus ohne Fundament einfach so in einen Kartoffelacker mauern lässt und dem Statiker gereizt ausrichtet, dass er wirklich nicht gebraucht wird.

Historisch gesehen sind die Frauenwissenschaften und später auch die Genderforschung als verlängerter wissenschaftlicher Arm der feministischen Bewegung entstanden, mit einer eindeutigen Mission: wissenschaftliche Schützenhilfe im Geschlechterkampf. Damit unterscheiden sie sich in ihrem

Charakter von nahe verwandten Wissenschaften, die um Objektivität und Neutralität bemüht sind, wie z. B. die Soziologie oder die Politologie, und treten eher wie ein ideologischer Think Tank (also auf Deutsch: Denk-Panzer) in Erscheinung.

Solange die Genderforscherinnen in der Öffentlichkeit ganz entschieden als feministischer Think Tank auftreten, fragt man sich gerade als männlicher Steuerzahler, warum ihre Arbeit nicht auch von der Frauenbewegung finanziert wird – das wäre dann nämlich auch ein schöner Schritt in Richtung Gleichberechtigung: Jede andere Interessengruppe bezahlt ihre Think Tanks nämlich selbst.

Wenn wir Männer Wert auf eine wissenschaftlich untermauerte Opferrolle legen würden, müssten wir selbstverständlich selbst dafür aufkommen. Spannende Forschungsinhalte gäbe es genügend, schließlich sterben wir vier bis acht Jahre früher, arbeiten dafür aber länger; müssen in unserer kurzen Lebensspanne auch noch Wehrdienst ableisten und uns bei Bedarf in Afghanistan erschießen lassen; arbeiten mehr für das liebe Geld, geben dafür aber weniger davon aus, wir begehen dreimal so häufig Selbstmord, werden dreimal so häufig obdachlos, rund dreimal so häufig abhängig von harten Drogen und viermal so häufig spielsüchtig, und wir wandern 20-mal so häufig in den Knast – totaler Absturz ist immer noch überwiegend Männersache.

Wenn eine Frau beruflich nicht erfolgreich ist, war die Decke zu gläsern, beim Mann liegt es an seiner Unfähigkeit, die Jugendarbeitslosigkeit in Deutschland ist unter Männern um rund 20 Prozent höher als unter Frauen, bei Arbeitsförderungsmaßnahmen wird aber selbstverständlich die Frauenförderung groß geschrieben, wenn wir so unvorsichtig sind, uns fortzupflanzen, können wir nur hoffen, dass die Partnerin uns gnädig gewogen bleibt, weil wir sonst zwar großzügig zahlen, aber die Kinder de facto nur noch sehen dürfen, wenn die Ex-Partnerin es erlaubt. Ja, es gäbe da einige interessante Forschungsthemen, vielleicht sollte man ja männliche Gender Studies einführen und dann eine Art Opfer- und Entrüstungswettbewerb abhalten?

Feministinnen haben die männlich dominierten Naturwissenschaften beschuldigt, dass sie flächendeckenden wissenschaftlichen Betrug betreiben, mit dem Ziel, durch gefälschte wissenschaftliche Ergebnisse die Frauen in nachteilige Rollen zu drängen. In der Tat ist gerade in gesellschaftlich relevanten Fragen eine vollständige Objektivität illusionär, eine zu 100 Prozent männliche Biologie hat sowohl in der Auswahl der Themen als auch in den Ergebnissen wohl einen eher männlichen Blickwinkel dargestellt. Das war sicher nicht optimal, von daher ist der heute hohe Frauenanteil ein Fortschritt. Dennoch ist an dieser Stelle anzumerken, dass die zahlreichen Biologinnen meines Wissens in keiner einzigen zentralen Frage einen echten Betrug im Dienste der Männer aufgedeckt haben. Einseitigkeiten gab und gibt es daher möglicherweise im Bereich der Auswahl der Forschungsgebiete (wobei mir hier kein Beispiel bekannt ist) und in der Darstellung: Besonders in der Evolutionstheorie dürften männliche Forscher wohl eher eine Neigung dazu gehabt haben, den Konkurrenzaspekt zu betonen und den Symbioseaspekt und die Anpassung weniger stark zu gewichten. Das sind aber lediglich Nuancen und Betonungen, das kann man nicht als absichtsvoll gefälschte wissenschaftliche Ergebnisse bezeichnen und ist – verglichen mit dem, was in den Genderwissenschaften abläuft – wohl eher als harmlos zu betrachten.

Das Haus der Genderforschung steht zwar ohne Fundament auf dem Kartoffelacker – dafür hat es aber eine glänzende, modern aussehende Fassade. „Genderforschung", das klingt schon ziemlich hip und passt inhaltlich perfekt zum Zeitgeist: Anything goes. Von so etwas Rückständigem wie der Natur oder irgendwelchen Genen lassen wir uns gar nichts vorschreiben. Dagegen wirken Disziplinen wie „Biologie“ oder „Evolutionslehre“ verstaubt und altväterlich. Wenn man sich allerdings nicht nur die Fassade anschaut, dann haben die Naturwissenschaften auch den einen oder anderen Vorzug: Sie haben z. B. ein Fundament, das überaus sorgfältig gebaut und verankert wurde. Die tragenden Wände wurden über Jahrhunderte gemauert und jeder einzelne Stein kritisch und mit mächtigen Methoden auf seine Belastbarkeit überprüft. Das Haus hat schon einige Unwetter überstanden, Anfeindungen von religiösen Fundamentalisten und Ideologen verschiedener Couleur und auch der Versuch des Missbrauchs haben es langfristig eher gestärkt als geschwächt.

Wie lange wird das Haus der Genderforschung stehen? Wird hier wirklich Wissen geschaffen, das auch für unsere Enkel und deren Enkel noch belastbar und vertrauenswürdig ist, auch wenn sich die politische Großwetterlage gedreht hat? Wird hier Steuergeld solide und nachhaltig angelegt oder wird es für die modische Fassade eines Zeitgeistes verpulvert, der hinter eben dieser Fassade schon am Zerbröckeln ist?

Der Marsch durch die Institutionen

Die Urprinzipientheorie ist sehr hilfreich, um den Ursprung des sogenannten Geschlechterkampfes und seine Ergebnisse zu verstehen. Wir befinden uns historisch an einem Punkt, an dem das männliche Prinzip am Maximum angekommen ist, und betrachten die Welt daher durch eine archetypisch männliche Brille.

Durch diese Brille sehen traditionell weibliche Rollenmodelle unattraktiv aus und sie erfreuen sich keines hohen Ansehens. Auch die Machtbalance zwischen den Geschlechtern kann bei archetypisch männlicher Betrachtungsweise nicht realistisch eingeschätzt werden; weibliche, eher informelle und subtil nach innen wirkende Formen der Macht sind logisch-rational praktisch unsichtbar. Noch ein Punkt, der das Gefühl der Benachteiligung verstärkt.

Angesichts dieser intensiv wahrgenommenen Schieflage der Geschlechterbalance sollte eine Korrektur in Richtung einer Stärkung der Weiblichkeit erreicht werden, wobei die Strategie im Wesentlichen folgende war: Es müssen einfach genügend Frauen in Machtpositionen in Politik, Wirtschaft, Familien und Kultur gehievt werden, dann wird die Dominanz des männlichen Prinzips automatisch gebrochen – und unter weiblicher Führung wird dann automatisch ein Zeitalter der Harmonie, des Friedens und der Gerechtigkeit anbrechen.

Mit diesem wunderschönen Ziel vor Augen wurde der Geschlechterkampf begonnen. Alle Frauen, ob sie wollten oder nicht, wurden als Soldatinnen rekrutiert, es wurde die weibliche Generalmobilmachung ausgerufen. Gleichzeitig wurde den Männern ausgerichtet, dass sie gefälligst mehr zum weiblichen Pol wechseln und ihr Machogehabe abstellen sollten. So weit, so klar. Schauen wir uns die Resultate an:

Bei den Frauen kam es zu einer Annäherung an den männlichen Pol, angetrieben von der Fokussierung auf das Erreichen formaler Machtpositionen durch klassisch männliche Tugenden: Macherqualitäten und starke Ellenbogen. Im Rahmen einer Ideologie die Welt friedlicher und gerechter machen zu wollen, indem man erst einmal einen Geschlechterkampf vom Zaun bricht – viel männlicher geht es nicht mehr. Auffällig ist auch die klare Führungsstruktur in der Frauenbewegung. Die Chefin war über Jahrzehnte klar, unangefochten und ziemlich autoritär eine Person, Alice Schwarzer – was sie sagte, war amtlich. Andere Strömungen und Meinungen blieben dadurch so unbedeutend und wirkungslos, dass sie in diesem Buch nicht einmal erwähnt werden müssen. Aufgrund ihres autoritären Führungsstils wurde sie von der feministischen Aktivistin Erika Wisselinck 1978 als „Macho im Rock“ bezeichnet, ihre männliche Art fiel sogar den eigenen Mitstreiterinnen auf.

Die Annäherung an den männlichen Pol ist auch leicht an der Veränderung des Erscheinungsbildes weiblicher Vorbilder zu erkennen: von der Idealfigur einer von Kurven geprägten Marilyn Monroe zum knabenhaften und eher kantigen Schönheitsideal heutiger Models oder Schauspielerinnen. Auch von der Kleidung und Haartracht her können sich Mädchen und Frauen zu 100 Prozent männlich geben, ohne dass das negativ auffällt. Für Frauen, die über eher männliche Gehirnstrukturen und Körper verfügen, ein goldenes Zeitalter.

Bei den Männern wurde ein stärkeres Ausleben des weiblichen Pols salonfähig. Ich darf heute als Vater und auch in anderen Zusammenhängen Gefühle zeigen und muss nicht mehr den strengen und unnahbaren Familienpatriarchen geben. Dennoch haben sich die Männer insgesamt weniger auf den weiblichen Pol zubewegt als umgekehrt. Zwar darf man als Mann in aller Öffentlichkeit weinen, wenn einem danach ist, man sieht aber nur äußerst selten jemanden, der von diesem Recht Gebrauch macht. „Männer weinen heimlich“, wie schon Herbert Grönemeyer in seinem Lied „Männer“[80] gesungen hat. Eine etwas stärkere Ausprägung des weiblichen Pols ist auch in einer Veränderung des Erscheinungsbildes zu bemerken. Ein rosa Hemd ist kein Tabu mehr und die Kosmetikindustrie freut sich über die zunehmende männliche Kundschaft für Peelings, Hautcremes und Pflegespülungen. Die „erlaubte“ Bandbreite ist aber dennoch für den Mann viel kleiner als für die Frau: Wenn sie im grauen Hosenanzug zu einer Businessbesprechung erscheint – völlig normal. Wenn er sich dagegen für Kleidchen und Handtasche entscheidet, ist das ein klarer Tabubruch.

Und was männliche Lebensprioritäten angeht, so ist der kindererziehende Hausmann inzwischen zwar okay, aber trotzdem auch heute noch eine Ausnahme – anders als die voll berufstätige Frau.

In Summe können wir als Ergebnis der feministischen Bemühungen eine deutliche Annäherung der Frauen an den männlichen Bereich und eine zaghafte Annäherung der Männer an weibliche Lebenswelten sehen. Die Gesellschaft ist also in Summe nicht weiblicher, sondern männlicher geworden. Den gleichen Trend kann man auch unschwer an der qualitativen Entwicklung hin zur konkurrenzorientierten Leistungs- und Ellenbogengesellschaft sehen.

Dieses Ergebnis ist nicht weiter verwunderlich. Jahrzehntelang wurde gepredigt, dass archetypisch männliche Lebensentwürfe die attraktiveren sind und die Frauen ein Recht darauf haben, sich auf diese zuzubewegen. Die Männer wurden im Gegenzug dazu verdonnert, sich gefälligst mehr um weibliche Rollen zu kümmern und zu kuschelweichen, babywickelnden Softies zu werden. Warum sollten die Männer dieser Aufforderung auf breiter Front nachkommen, wenn ihnen gleichzeitig mitgeteilt wird, dass der männliche Bereich der attraktivere ist? Der Feminismus war zu einem guten Teil eine gigantische Marketingkampagne für männliche Lebensmaximen und Prioritäten.

Mehr Frauen in Machtpositionen machen die Gesellschaft nicht weiblicher, wenn gleichzeitig die Grundstimmung männlicher wird. Die „eiserne Lady“, Margaret Thatcher, hat Großbritannien nicht zu größerer Harmonie und sozialem Frieden geführt, und sie hat nebenbei mit beachtlicher Härte den Falklandkrieg durchgezogen. Condoleezza Rice als Nationale Sicherheitsberaterin des US-Präsidenten und später als amerikanische Außenministerin war eine wichtige Stütze von George W. Bush bei seinem auf unwahren Behauptungen aufgebauten Irakkrieg. Und die ehemalige österreichische Finanzministerin Maria Fekter bezeichnete sich selber einmal scherzhaft als „einzigen Mann in der Regierung“, in Anspielung auf ihre direkte und hemdsärmelige Art.

Wer hier nur bedingt hineinpasst ist Angela Merkel, die häufig als „Mutti“ der Nation bezeichnet wird und deren Führungsstil man das Vorhandensein einer gewissen weiblichen Qualität nachgesagt. Wer weiß, vielleicht ist sie damit schon so etwas wie eine Vorbotin einer Rückbesinnung auf weibliche Stärken, auch in Wirtschaft und Politik.

Das Schicksal der feministischen Bewegung weist viele Parallelen zum berühmten „Marsch durch die Institutionen“ der studentischen 68er-Bewegung auf. Auch hier wurden letztlich die ursprünglichen Ziele nicht nur nicht erreicht, sondern deren Gegenteil: Der verhasste Staat wurde nicht zerstört, sondern gestärkt, die ebenso verhasste Polizei wurde aufgestockt und die Bildzeitung feierte Auflagenrekorde. Und am Ende haben die Revoluzzer, die den Marsch wirklich geschafft haben, wie Daniel Cohn-Bendit oder Joschka Fischer, pragmatisch regiert und nicht den sozialistischen Arbeiterstaat realisiert. Sie haben nicht das System verändert, sondern das System hat sie verändert.

Albert Einstein hat einmal gesagt: „Probleme kann man niemals mit derselben Denkweise lösen, durch die sie entstanden sind.“ Eine Bewegung, die archetypisch männliche Mittel einsetzt, um archetypisch männliche Ziele zu erreichen, wird nie zu einer Stärkung des weiblichen Pols führen – auch wenn sie sich „Frauenbewegung“ nennt und Frauen in Machtpositionen boxt.

Eine unerwartete Entdeckung – 1.001 feminine Seiten des Irans

Während dieses Buchprojektes hatte ich zufällig geschäftlich mit dem Iran zu tun. Was tut man, wenn man in einem unbekannten Land geschäftlich etwas erreichen will? Man informiert sich erst mal über Land und Leute und auch über mögliche Fettnäpfchen, die ja überall etwas anders aussehen. Dabei versuche ich immer, mir zunächst einen schnellen Überblick zu verschaffen, indem ich mir die sechs Kulturdimensionen nach Professor Geert Hofstede anschaue. Der niederländische Kulturwissenschaftler hat anhand von sechs Kennzahlen dargestellt, wie eine Kultur so „tickt", wobei er keine politischen Absichten hatte, sondern eine Hilfestellung im internationalen Management und Geschäftsverkehr bieten wollte. Eine dieser Kennzahlen ist der sogenannte „Masculinity-Index", der besagt, wie stark die Menschen eines Landes auf Durchsetzungskraft, Materialismus, Selbstzentriertheit, Macht und Individualismus – also auf archetypisch männliche Qualitäten – Wert legen.

Verseucht von den gängigen Klischees hatte ich beim Iran natürlich einen hohen Wert erwartet. Eine patriarchale Gesellschaft eben, in der der Macho nicht negativ auffällt. Aber weit gefehlt: Der Iran hat einen Masculinity-Index von 43, während Deutschland nach einem jahrzehntelangen Kampf zur Stärkung „weiblicher" Werte mit 66 Punkten vergleichsweise maskulin dasteht. So wird einem im Iran ein bescheidenes Auftreten empfohlen, die Vermeidung von Besserwisserei, keine konfrontativen Verhandlungsstrategien und eine intensive Pflege der Beziehungsebene als Basis für geschäftliche Erfolge, während Deutschland im internationalen Vergleich als sachorientiert, teutonisch und viel maskuliner dargestellt wird.

Und was schreibt der Herr Professor noch so? Dass in Ländern mit einem hohen Masculinity-Wert der Unterschied in der Mentalität zwischen den Geschlechtern höher ist als in Ländern mit einem niedrigen Wert. Sehr spannend. Das passt ja eigentlich gut zu einigen bereits genannten äußerst merkwürdigen Tatsachen, dass beispielsweise ausgerechnet auf dem Höhepunkt der feministischen Bewegung die weibliche Neigung zu Teilzeitarbeit, trotz der gebetsmühlenartigen Verteufelung der „Halbtagsfalle", nicht ab-, sondern zugenommen hat, dass die Spielzeugindustrie trotz Gender-Mainstreaming den Geschlechterunterschied geradezu zelebriert, dass der Testosteronlevel bei Männern in hoch entwickelten Ländern, die meistens ja auch eher maskulin veranlagt sind, höher ist als in weniger entwickelten Ländern, und dass in armen Ländern die weibliche Neigung zu technischen Berufen höher ist als in reichen.

In Deutschland – wie auch in Österreich mit einem Wert von 79 – haben wir eine archetypisch männlich geprägte Gesellschaft, daher verwundert es nicht, dass hier selbst eine Frauenbewegung archetypisch männlich agiert. Schweden dagegen, das ja als Vorbild in Sachen Gleichberechtigung gehandelt wird, kommt auf einen Masculinity-Index von 5. Die Schweden haben den Ruf, auf Gemeinschaftssinn großen Wert zu legen und auch bei Entscheidungen eher konsens- als durchsetzungsorientiert vorzugehen. Wenn man sich diese Rahmenbedingungen ansieht, dann wundert es auch nicht weiter, dass es in Schweden weniger schwierig ist, Frauen für Führungspositionen zu rekrutieren. In einem archetypisch eher femininen Umfeld wird es in den Führungsetagen dort wohl etwas feinfühliger zugehen als im teutonischen Deutschland.

Solche Randinformationen zeigen auch, wie heikel der Versuch ist, Lösungen von einem Land direkt in ein anderes zu transferieren, wenn die Grundmentalität jeweils eine vollkommen andere ist. Übrigens kommt Frankreich, das oft als ein gelobtes Land der Frauenbewegung genannt wird, auch auf einen deutlich niedrigeren Masculinity-Index als Deutschland und Österreich: Frankreich liegt gleich auf mit dem Iran, bei 43.

Korrektheitspirouetten in der Sprache: Von Politessen, HühnInnen und ArbeitnehmerInnenvertreterInnen

Die Radarfalle hat getan, was sie tun musste, sie hat zugeschnappt. Freundlich und bestimmt übergibt mir die Polizistin den Strafzettel. Wenig später erwähne ich im Beisein meiner neunjährigen Tochter gegenüber einer Bekannten diese Begebenheit, wobei ich nichts ahnend den Fauxpas begehe, von einer „Politesse" zu sprechen. Wiederum freundlich und bestimmt wird mir die Rückständigkeit meines Vokabulars zu verstehen gegeben. Das Wort „Politesse" impliziere eine typisch männliche Abwertung des weiblichen ordnungshütenden Personals zu einem Hilfsdienste leistenden optischen Aufputz. Gut, wieder etwas gelernt, diesmal sogar kostenfrei. Polizistin heißt es also, nicht Politesse.

Auf der Fahrt nach Hause fragt mich meine Tochter, ob es nicht besser wäre, in Zukunft auch das Wort „Henne" zu vermeiden und dafür „Hähnin" zu sagen. Hm. Ja, warum eigentlich nicht? Aber: „Hähnin" klingt doch auch irgendwie komisch, weil ja der eindeutig männliche Wortstamm „Hahn" darin steckt. Also vielleicht besser statt von der „Hähnin" von der „Hühnin" sprechen. Das Männchen wäre dann wohl der „Hühnerich". Gut. Also „Hühnin" und „Hühnerich". Klingt gleichberechtigt und irgendwie auch korrekt. Super. Thema abgeschlossen.

Zu Hause berichtet meine Tochter der Mama von unserem neuesten Durchbruch in Sachen gendergerechte Sprache: Statt Hahn und Henne sagen wir jetzt „Hühnin“ und „Hühnerich“! Aha. Nach kurzem Nachdenken hat nun meine Frau einen Einwand: Eine Hühnin könnte ja eigentlich auch ein weiblicher Hüne, also eine sehr große Frau sein, oder? Die Annahme, dass es nur männliche Hünen gibt, ist ja auch wieder nicht gleichberechtigt. Und das stumme „h“ hört man beim gesprochenen Wort ja schließlich nicht. Also – Thema wohl doch noch nicht abgehakt. Gar nicht so einfach, eine wirklich korrekte und auch praktikable Bezeichnung für Herrn und Frau Huhn zu finden. Schließlich einigen wir uns auf „Hühnerin“ und „Hühnerich“.

Ja, die deutsche Sprache wirkt bei oberflächlicher Betrachtung nicht besonders gleichberechtigt – und Sprache steht immer in Wechselwirkung mit dem Denken und dem Unterbewusstsein der Menschen. Daher ist der Vorschlag seitens der feministischen Bewegung, in der Sprache eine bessere Balance zwischen den Geschlechtern herzustellen, durchaus verständlich.

Die erste wichtige Frage bezüglich der gendergerechten Sprache lautet also, ob wirklich eine bessere Balance erreicht wird. Sprechen Sie einfach einmal laut die Worte LehrerInnen, SportlerInnen oder SchülerInnen. Wenn man es nicht geschrieben sieht, sondern nur hört, sind auf einmal die männlichen Lehrer, Sportler und auch Schüler verschwunden. Sprache ist ja eigentlich, wie der Name schon sagt, nicht nur zum Schreiben, sondern in erster Linie zum Sprechen da. Die Genderregeln führen aber in der Praxis der Sprache, also beim Sprechen, zu keiner geschlechtermäßigen Ausgewogenheit, sondern zu einem vollkommenen Verschwinden der männlichen Seite – das ist ja schon mal bemerkenswert.

Aber schauen wir uns die Schriftform noch mal genauer an: Wie ist es denn bei Worten wie ProfessorInnen und SoldatInnen? Hier sind die männlichen Exemplare auch im Schriftbild verschwunden. Es müsste ja eigentlich „Professor*en*Innen" und „Soldat*en*Innen" heißen, wenn man den männlichen Anteil korrekt berücksichtigen wollte. Das Gleiche gilt für die männlichen Bauern bei dem Plural „BäuerInnen" – es ist ein sprachliches Bauernsterben. Dazu kommt noch, dass, symbolisch betrachtet, das große Binnen-I den weiblichen Teil des Wortes hervorhebt. Auch beim Aussprechen neigt man zu einer besonderen Betonung des Binnen-Is, weil es ja groß und daher besonders prominent ist. – Ausgewogenheit sieht anders aus.

Offen bleibt oft auch, wie man die Regeln in der Praxis umsetzen soll. Wie soll man mit Begriffen wie „Rennfahrer" umgehen? Muss man aufgrund vereinzelt auftretender weiblicher Exemplare jetzt „RennfahrerInnen" sagen? Gilt das ab einem Frauenanteil von 1 Prozent oder schon ab 0,1 Prozent? Muss man sich also, bevor man einen Satz riskiert, statistische Daten beschaffen? Das Gleiche gilt für Soldaten und Soldatinnen, Kranführer und Kranführerinnen und viele weitere Begriffe. Wie brüllt ein Offizier seine Truppe an, wenn diese aus 99 männlichen Soldaten und einer Soldatin besteht? Vielleicht „Soldaten und -in, stillgestanden!" – ? Was sagt er zu einem männlichen und einem weiblichen Soldaten? „SoldatIn" oder „Soldat und -in"?

Sollte nicht eine Sprachreform zu einem Ergebnis führen, das ein zumindest durchschnittlich intelligenter Mensch einigermaßen korrekt anwenden kann? Hand aufs Herz, wer ist beim sprachlichen Gendern wirklich sattelfest? Heute lese ich in der Zeitung ein Interview mit Alice Schwarzer. Ich zücke den Kugelschreiber und finde auf einer Seite sieben Fehler. Sie spricht von Polizisten, ohne die Polizistinnen zu erwähnen, auch die männlichen Demagogen bleiben unter sich, und Islamisten und Muslime – bei Frau Schwarzer alles Männer.[81] Eine erfahrene Journalistin und Verlegerin, die also Sprachprofi ist und gleichzeitig die führende Feministin im deutschsprachigen Raum, beherrscht nicht einmal selbst die

Kunst der geschlechtsneutralen Sprechweise. Wie realistisch ist es dann, dass Horst Schulze aus Hamburg-Harburg oder das berühmte Lieschen Müller jemals die Gendersprache beherrschen wird? Welchen Sinn hat eine Sprachreform, die so kompliziert ist, dass sie nicht einmal von Vollprofis praktisch umgesetzt werden kann?

Vielsagend ist auch das Phänomen, dass negativ besetzte Begriffe dann doch lieber nicht gegendert werden. Mörder, Waffenschieber und Geldfälscher befinden sich alle auf einer seltsam unberührten Insel der Genderkeuschheit – sie bleiben männlich. Ähnlich ist es in der Welt der Wirtschaft: Man setzt sich vehement dafür ein, dass Frauen in die Top-Liga der Wirtschaftskapitäne und -kapitäninnen aufschließen, aber wenn die dann in einer negativen Rolle auftauchen – Simsalabim –, ist die Gender Correctness auf einmal wie weggezaubert. Turbokapitalisten, Finanzjongleure, Ausbeuter oder auch Abzocker – sie werden alle auf dieselbe Sprachinsel der Genderkeuschheit verbannt, wie Mörder und Waffenschieber. Die gibt es nicht in der „-Innen"-Version.

Im Web-Archiv der sonst sehr auf eine genderneutrale Schreibweise bedachten deutschen „taz" gibt es im gesamten zugänglichen Zeitraum (seit 2007) weder KapitalistInnen noch AbzockerInnen, schon gar keine TurbokapitalistInnen und auch keine FinanzjongleurInnen. Keine einzige. Nicht einmal SpekulantInnen kommen vor. Alle diese Bezeichnungen gibt es nur in männlicher Form. Dafür werden im gleichen Zeitraum 199 ArbeitnehmerInnen, 271 ArbeiterInnen, 645 PolitikerInnen und 46 UmweltschützerInnen erwähnt.[82] Offiziell sind die Journalistinnen und Journalisten der „taz" die Vorreiter der Gleichheit von Mann und Frau, aber „das Böse" bleibt bei ihnen ganz klar „der Böse", während bei positiv besetzten Gruppen die „Innen" natürlich groß geschrieben werden. Es ist die gleiche herrlich ungleiche Gleichberechtigung, die man auch als Krimi- oder

Actionfan genießen darf. Der Frauenanteil bei Chefermittlern, Agenten und Weltrettern aller Art ist beachtlich. Und wenn Angelina Jolie als Mrs. Smith mit ihren zarten Armen Brad Pitt einen Kinnhaken verpasst, dann landet er als Mr. Smith mit so einer Wucht in der antiken Wanduhr, dass die Holzsplitter meterweit fliegen. Die Gendergesetze gehen im Filmstudio allemal über die Gesetze der Physik. Bei Mördern, Psychopathen, Betrügern und anderweitig abgründigem und bösem Personal haben wir dann wieder eine Männerquote nahe der 100 Prozent.

Schwieriger zu beurteilen als der Gerechtigkeitsaspekt der neuen Genderregeln sind die ästhetischen Flurschäden – die sind Geschmackssache. Dennoch: Können Sie sich ein Gedicht von Hermann Hesse oder Johann Wolfgang von Goethe in gegenderter Form vorstellen? Oder einen Pop-Song? Kann ein Satz, der ein Wort wie „ArbeitnehmerInnenvertreterInnen“ enthält, noch ästhetisch sein?

Kommen wir noch einmal zurück auf den eingangs erwähnten Zusammenhang zwischen der Sprache und den Haltungen und Werten einer Gesellschaft. Es ist faszinierend, wie genau die Sprache auch bei künstlichen Regeln wie der genderkorrekten Schreibweise die gesellschaftlichen Entwicklungen spiegelt: Die Genderregeln machen das Verhältnis der Geschlechter so kompliziert, dass es in der Praxis außerhalb soziologischer und kulturwissenschaftlicher Elfenbeintürme gar nicht realisierbar ist. Das trifft auf die Sprache ebenso zu wie auf das gesellschaftliche Zusammenleben. Dazu kommt, dass unter dem Leitstern des Genderismus sowohl in der Sprache als auch im alltäglichen Miteinander das Verhältnis der Geschlechter unelegant, technokratisch und freudlos wird. Die Sprache wird von einem Ort der Kultur und Eleganz zum Schauplatz eines kleinkarierten HähnInnenkampfes um formale Machtpositionen degradiert.

Eine weitere Parallele zwischen sprachlicher und gesellschaftlicher Entwicklung: Während winzige Kreise die

Genderregeln mit einem großen Sendungsbewusstsein durchsetzen wollen, werden dieselben Regeln von der überwältigenden Mehrheit der Bevölkerung so gut wie möglich ignoriert und umgangen. Man wartet ab, bis der Spuk vorbei ist. Das Ideal ist die sterile und irgendwie blutleere Geschlechtslosigkeit wie z. B. „die Studierenden", „die Lehrenden" oder auch „die Lehrpersonen". Wen wundert es, dass in einer Gesellschaft, die bemühte Geschlechtslosigkeit zum Ideal erklärt, die Geburtenraten niedrig ausfallen?

Auch im Licht der Urprinzipienlehre betrachtet, führen die Genderregeln in der Sprache zu einem Ergebnis, das die gesellschaftlichen Verhältnisse widerspiegelt: Auf oberflächlich formaler Ebene wird der weibliche Pol gestärkt, bei ganzheitlicher Betrachtung in Summe aber der männliche. Die Genderregeln werden von SprachwissenschaftlerInnen entwickelt, unter Zuhilfenahme wissenschaftlichen, analytischen und technokratischen Denkens, und das mit einer beachtlichen Brutalität gegenüber einem wichtigen Kulturgut, das grammatikalisch weiblich ist: Es heißt ja „die Sprache". Archetypisch weibliche Qualitäten der Sprache wie Sinnlichkeit, Grazie, feine Nuancen und Mehrdeutigkeiten, oder auch der Text zwischen den Zeilen, den man nicht lesen, sondern nur spüren kann – werden beschädigt.

So werden auch viele bildhafte Formulierungen und Ausdrücke, die die Sprache anschaulicher und sinnlicher machen, immer mehr zu Kollateralschäden des sprachlichen Geschlechterkampfes: weil Begriffe wie „Streithammel", „Zickenkrieg" oder „Friedenstaube" eben nicht gut genderbar sind. Wie soll man beispielsweise den Begriff „Streithammel" in eine geschlechtsneutrale Form bringen? Wer kennt schon die weibliche Form eines kastrierten männlichen Schafes? Auch der „Schelm" ist vom Aussterben bedroht, und der „Altweibersommer" würde als „Altweiber- und Knackersommer" sprachlich nicht mehr so eine sinnlich milde Wärme verströmen, wie er es einmal getan hat. Es wird kälter in der Sprache.

Die sprachlichen Genderpirouetten spiegeln auch auf eindrucksvolle Art und Weise die Situation in der Genderforschung wider: Es werden akribisch und exakt die vermeintlichen Benachteiligungen der Damen aufgespürt und angeprangert, während nach den ebenso vermeintlichen Benachteiligungen der Herren ganz einfach nicht gesucht wird. Und – wer nicht suchet, der findet natürlich auch nicht: Dass der Plural des Wortes „Professor“ durch das Wort „Professoren“ gebildet wird, wird als Benachteiligung der weiblichen Kolleginnen gewertet, dass aber der Artikel im Plural weiblich ist – es heißt ja schließlich „*die* Professoren“ – daran hat sich noch keine Genderaktivistin gestört. Wenn sie es also wirklich ernst meinen würden, dann müsste es korrekt nicht „die ProfessorInnen“ heißen, sondern „der/die ProfessorInnen“ oder noch korrekter: „der/die Professor*en*Innen“. Es ist wie in vielen anderen Bereichen: Auch die klassische deutsche Sprache ist gleichberechtigt, aber eben viel eleganter und subtiler, als es mit der Gleichheitsdampfwalze möglich ist. Der Artikel im Plural ist weiblich, das Substantiv dafür männlich, besser geht es eigentlich gar nicht. Nur – man muss es eben sehen wollen.

In Zukunft soll das sprachliche Gendern übrigens noch weiterentwickelt werden. Durch die Verwendung einer Underline, wie bei „Leser_innen“, oder Sternchen soll eine angeblich noch vorhandene Diskriminierung von transsexuellen Mitbürger*innen beendet werden. Wirklich spannend wird das dreidimensionale Gendern in der ausgesprochenen, also nicht abgekürzten Form, die ja als die korrekteste Schreibweise angesehen wird. Lieber Leser, liebe Leserin und liebes geschlechtlich nicht festgelegtes lesendes menschliches Wesen – das ist wahrscheinlich der einzige wirklich korrekte Satz dieses Buches. Wow!

Aber wer leidet eigentlich am meisten unter einer unschönen, umständlichen und weniger nuancenreichen Sprache? Die, die am meisten kommunizieren und das bessere Sprachgefühl haben. Und das sind nicht die Männer.

Was bringen uns die Korrektheitspirouetten in der Sprache? Mit großem Aufwand erreicht man mit den derzeitigen Genderregeln nichts Substanzielles, außer einer Beschäftigungsgarantie für ein paar Genderexpertinnen und Kopfschmerzen bei Volksschullehrerinnen, die diese Regeln dem Nachwuchs beibringen sollen. Ästhetisch jedenfalls sind diese Pirouetten eher ein Salto mortale – mit hoher Absturzgefahr.

Kreter, Urprinzipien und lustige Katastrophen

Alle Kreter lügen, sagte der Kreter.

Wer kennt es nicht, das wohl berühmteste Paradoxon? Aber was haben die Kreter mit dem männlichen und weiblichen Urprinzip zu tun? Sehr viel. Nach der Urprinzipientheorie ist die Welt nämlich nicht realistisch erfassbar, wenn man sich nur rationaler, logischer Methoden bedient. Wer nicht auch im nicht rationalen Bereich geistig beheimatet ist, wird immer ein einseitiges Weltbild haben und tendenziell mit archetypisch weiblichem nicht sehr kompetent umgehen: also mit dem Schlaf, der Liebe, der Kreativität, der Passivität (beispielsweise in Form von Meditation oder autogenem Training) und – mit der paradoxen Natur der Wirklichkeit. Ein bisschen ist dieses Thema ja in diesem Buch schon aufgetaucht, gerade gesellschaftliche Entwicklungen sind oft paradoxer Natur:

Eine Frauenbewegung tritt an, um die Gesellschaft weiblicher zu machen, treibt dabei aber deren archetypisch männlichen Charakter auf die Spitze. Wenn das nicht paradox ist. George

W. Bush hat einen gigantischen Krieg gegen den Terror geführt, die Terrorgefahr ist jedoch gestiegen und nicht gesunken.

Auch in der Naturwissenschaft: Materie ist Welle und Teilchen. Gleichzeitig. Masse ist Energie. Und umgekehrt. Unser Wesen ist gleichzeitig angeboren und anerzogen. Der Homo sapiens ist einerseits genial und gleichzeitig atemberaubend beschränkt: Wir schreiben Symphonien und fliegen auf den Mond, sind aber nicht fähig, in Frieden mit unseren Nachbarn oder gar unserem Ehepartner zu leben. Wahrscheinlich geht ein Durchschnitts-Schimpanse souveräner mit seiner Schimpansin um als der Durchschnitts-Mitteleuropäer mit seiner Frau – und umgekehrt.

Die alten Griechen liebten die Tragikomödie, eigentlich eine in sich gewissermaßen paradoxe Kunstform, der österreichische Dichter Peter Turrini spricht gern von „lustigen Katastrophen".

Wenn wir uns den Naturgesetzen unterwerfen und sie anerkennen, werden wir frei. Wenn wir uns ihnen widersetzen, werden wir unfrei. Klingt zugegebenermaßen nicht besonders hip: Freiheit durch Unterwerfung, auch Demut genannt. Das gilt natürlich auch in Bezug auf die Gesetze eines Staates: Hier heißt die Unfreiheit Gefängnis, im Falle der Naturgesetze heißt sie psychische und körperliche Krankheit oder – im sanftesten Fall – das Nichterschließen des eigenen Potenzials.

Dieses Paradoxon gilt besonders für die Genderbewegung, die aus naturwissenschaftlicher Sicht in ihrem Kern ein versuchter Aufstand gegen die Natur des Menschen ist. Man behauptet, dass eigentlich Frauen die besseren Männer sind, und begibt sich dann in eine Trotzpose in Dauerendlosschleife, weil man statistisch immer wieder die gleiche Feststellung macht – dass es eben in Wirklichkeit nicht so ist. Und anstatt auf diese Art und Weise Erkenntnis über die Wirklichkeit zu gewinnen, richtet man ihr aus, wie unerhört es ist, nicht auf das kollektive Ego ideologisch beseelter Menschen zu hören.

Mir scheint, dass dies auch ein gemeinsamer Nenner aller fundamentalistischen Ideologien ist: Die Realität soll sich dem kollektiven Ego der Ideologen (oder auch -Innen) unterwerfen, und dieses rückständige Etwas, das wir Biologie oder – noch rückständiger – Natur nennen, soll sich ja nicht so wichtig nehmen. Das Gegenprogramm sind die alten Weisheitslehren und die Religionen, sofern sie nicht von Fundamentalisten zu Ideologien verstümmelt wurden: Sie haben immer dazu geraten, das Ich als Illusion zu enttarnen und in Gott, dem Universum oder einer anderen Formulierung für das große Ganze aufgehen zu lassen. Mit anderen Worten: sich dem Gesetz zu unterwerfen und dadurch freier zu werden.

Die Realität besteht aus Paradoxa. Daher sind eindimensionale ideologische Denksysteme immer nur Halbwahrheiten, die als die ganze Wahrheit verkauft werden. Im Falle des Feminismus: Natürlich ist die menschliche Natur anerzogen, das stimmt schon, aber sie ist gleichzeitig auch angeboren. Dieser Dualismus ist schon lange bekannt. In der Genderforschung hat man trotzdem – aus ideologischen Gründen – einen Rückschritt gemacht und fokussiert einseitig auf die anerzogenen Eigenschaften menschlichen Verhaltens, von Antrieben und kognitiven Fähigkeiten. Natürlich ist es leicht, wissenschaftlich korrekte Experimente zu finden, die diese Sichtweise bestätigen, sodass man sich stolz im Besitz der Wahrheit wähnt. Aber es ist eben nur die halbe Wahrheit, die durch die entschiedene Negation der anderen Hälfte insgesamt zur Unwahrheit wird.

Der Dualismus der menschlichen Natur bedeutet konkret, dass wir natürlich nicht die Sklaven unserer Gene sind. Wir können unser Leben innerhalb einer großen Bandbreite von Entwürfen leben, und auch eine Gesellschaft hat große Freiheiten in der Definition von Rollenmodellen und der Organisation des Zusammenlebens. Man braucht nur in die Geschichte zu schauen, um eine Ahnung von der Vielzahl der Möglichkeiten zu bekommen. Aber: Damit es funktioniert, müssen die Rollenmodelle mit der Biologie des Menschen kompatibel sein und sollten eine gewisse Flexibilität aufweisen, die der Bandbreite an Verschiedenheit zwischen den Individuen Rechnung trägt. Die von Gender-Ideologen geforderte Abschaffung der traditionellen Vater-Mutter-Kind-Familie mag von daher durchaus ein begründbares und erreichbares Ziel sein, aber nur unter der Voraussetzung, dass man einen funktionierenden und wirklich besseren Ersatz präsentieren kann. Die angestrebte völlige Dekonstruktion von Rollenbildern kann nur zu Chaos und einer Überforderung der Menschen führen: dass sich jeder und jede ein eigenes Lebensmodell aus sich selbst heraus neu erfindet, ist nicht realistisch.

In einem Leben voller Paradoxa ist eine Sache für den Homo sapiens besonders wichtig: die Balance. Das wird bereits durch seine Körperlichkeit symbolisch dargestellt: Als Zweibeiner mit einem ungewöhnlich hoch gelegenen Massenschwerpunkt besteht für ihn fast das gesamte Leben aus einem Balanceakt.[83] Auch unser politisches System ist dann erfolgreich, wenn es die verschiedenen Interessen ausbalanciert und nicht in eine Richtung umfällt. Immer dann, wenn nur noch eine Meinung im Spiel ist, haben wir ein Problem.

Angesichts dieser Tatsache verwundert es auch nicht, dass alte Weisheitssysteme oft paradoxe Aussagen enthalten, die sich scheinbar selbst widersprechen. Man denke an die rätselhaften Sprüche von Laotse oder auch in der christlichen Lehre. Da ist der Gott mal liebend und dann wieder erstaunlich hart, da soll man seine Feinde lieben und die Armen im Geiste sind selig. Klingt für einen ausschließlich rational orientierten Verstand ziemlich absurd. Dennoch werden gerade jetzt uralte Weisheitssysteme wieder populär. Vielleicht gibt es ja auch ein paradoxes Verhältnis zwischen Innovation und Tradition, in dem Sinne, dass das eine ohne das andere nicht funktioniert? Vielleicht werden daher gerade in einer Phase des rasanten technischen Fortschritts und der gesellschaftlichen Umwälzungen, in der nichts mehr verlässlich erscheint, alte Denksysteme wieder interessant? Um das Bild mit den Häusern noch ein bisschen weiter zu strapazieren: Das Haus der alten Weisheitslehren sieht durch eine archetypisch männlich rationale Brille ziemlich schief, verwittert und geradezu unschön aus, und der Eingang ist schwer zu finden. Die Bausubstanz muss aber dennoch außerordentlich zuverlässig sein, schließlich hat sie Jahrtausende überstanden. Wie viele schicke Ideologiefassaden sind in dieser Zeit errichtet worden und nach einigen Jahrzehnten wieder verfallen, zusammen mit den für sie erfundenen Wissenschaftsdisziplinen?

Bewegung in Richtung weibliches Prinzip

Im Moment scheint es so, dass das Maximum des männlichen Prinzips überschritten ist und in unserer Gesellschaft die weibliche Seite wieder stärker gelebt wird, und das nicht nur in Bezug auf die bevorzugten Denkstrategien. Die Generation Y, die jetzt 20- bis 30-Jährigen, scheint vergleichsweise wenig an einem Aufstieg auf der Karriereleiter interessiert zu sein und mehr an „weichen" Werten wie Familie, Freundschaften, Sinnerfüllung und Lebensqualität. Wenn sich diese Haltung durchsetzt, wird schon bald jede Quotenregelung ad absurdum geführt, weil der Vorstandsposten als Lebenszweckerfüllung an Bedeutung verliert. Sehr zum Ärger der Old-School-Feministinnen hat auch das Wort „Mutter" wieder einen weniger negativen Beigeschmack als noch vor 20 Jahren. Ich denke, man kann diese Phänomene, zusammen mit dem oben erwähnten Yoga-, Meditations- und Alternativmedizintrend, schon als beginnende Trendwende hin zu mehr archetypisch weiblichen Werten interpretieren.

Wieder ist die Entwicklung paradox: Denn diese Umorientierung wird von der in die Jahre gekommenen Frauenbewegung als Verrat gewertet. Die Jugend ist mal wieder undankbar – die befreiten Frauen befreien sich von der Frauenbefreiung und wollen doch glatt Familien aufbauen. Nur noch ein paar traditionsbewusste Internet-ShitstormerInnen halten mittels Copy-Paste-Erregung noch ein bisschen die Flagge hoch, eher virtuell als real.

Was für eine seltsame Situation: Wenn wir uns als Gesellschaft wieder mehr den archetypisch weiblichen Werten zuwenden, wird das über kurz oder lang wahrscheinlich auch dazu führen, dass archetypisch weibliche Berufe wieder mehr Achtung erfahren und auch besser bezahlt werden. Das wäre der wichtigste Schritt in Richtung einer Überwindung des Gender Pay Gaps. Vielleicht werden auch Führungspositionen in einer weniger konfrontativen Wirtschaftswelt für Frauen attraktiver werden und vielleicht werden auch familiäre Gemeinschaften wieder besser funktionieren, wenn das geistige Umfeld mehr von Symbiose als von Ellenbogenkampf geprägt ist. Nach der Urprinzipientheorie ist sogar zu erwarten, dass der Mensch dann auch weniger auf seine äußerliche Attraktivität reduziert werden wird – aber in der Emma-Redaktion sieht man die Entwicklung als Untergang des Abendlandes und bezeichnet die jungen Frauen, die das tun, was die Frauenbewegung früher einmal behauptet hat, zu tun, nämlich archetypisch weibliche Werte in der Gesellschaft zu stärken, als Verräterinnen.

So hat die Frauenbewegung einiges mit der Sozialdemokratie gemeinsam – beide laufen Gefahr, sich durch ihren Erfolg selbst überflüssig zu machen. Viele Arbeiter haben realisiert, dass es bei zu viel Klassenkampf zwar viele Urlaubstage, aber dafür wenig Arbeitsplätze gibt, und lassen die rote Nelke im Kleiderschrank verwelken. Auf ähnliche Weise verlieren gleichberechtigte Frauen das Interesse an einer zum Selbstzweck gewordenen

Frauenbewegung, deren Beschwörung der weiblichen Opferrolle immer angestrengter klingt und nur noch mithilfe von soziologischen Hochleistungsmikroskopen der Genderforschung und durchsichtigen Statistiktricksereien darstellbar ist.

Hier ist die Sozialdemokratie schon weiter: Sie hat den Schritt geschafft von einer die Faust reckenden, eindimensionalen Protestorganisation hin zu einer staatstragenden Partei, die bei aller Liebe zur arbeitenden Bevölkerung doch auch mit Realitätssinn und Pragmatismus das Ganze im Blick behält – zumindest hinter den Kulissen. Bei der Frauenbewegung sieht es momentan danach aus, dass sie lieber in einer leicht sklerotisch anmutenden Trotzhaltung mitsamt der weltfremden Forderung der Geschlechtergleichheit untergeht, als mit der Realität Kontakt aufzunehmen. Daran ändern auch ein paar plakative Alibiaktionen nichts: Die Umbenennung der Frauenforschung in Genderforschung und der Frauenbeauftragten in Gleichstellungsbeauftragte interessiert niemanden, solange die inhaltliche Ausrichtung gleich bleibt und solange Gleichstellungsbeauftragte ihren Job verlieren, wenn sie ihre neue Berufsbezeichnung beim Wort nehmen und sich auch für die Rechte von Männern einsetzen.[84] Was fehlt, ist der Schritt von der Gleichberechtigung als Einbahnstraße hin zu einer echten Ausbalancierung der Interessen, von der neidgetriebenen Geisteshaltung des Geschlechterkampfes hin zu einem Miteinander.

Die persönliche Balance finden

Nachdem es in den vorangegangenen Kapiteln um die Balance zwischen männlichem und weiblichem Pol in der Gesellschaft als Ganzes gegangen ist, möchte ich zum Abschluss der Frage nachgehen, wie man als Individuum eine gute Balance finden kann.

Die feministische Bewegung legt uns hierzu nahe, von Geburt an der eigenen Identität als männlichem oder weiblichem Wesen mit Misstrauen zu begegnen und das Ideal des Gendereinheitsmenschen anzustreben. Man könnte nun meinen, das entspräche den Grundaussagen der fernöstlichen Urprinzipienlehre, wonach man das Gleichgewicht zwischen den Polen anstreben solle. Die Urprinzipienlehre empfiehlt aber einen anderen Weg: nämlich zunächst ganz bewusst die geschlechtliche Identität, mit der man geboren wurde, anzunehmen, zu leben und zu entwickeln, inklusive der Gegensatzvereinigung mit dem archetypisch anderen Pol in Form von körperlicher und geistiger Liebe. Erst später, in der zweiten Lebenshälfte, wird empfohlen, zunehmend auch den jeweils anderen Pol in sich zu entdecken und wachsen zu lassen, um sich so zu einem ganzen ausgewogenen Wesen zu entwickeln, das aus dem Reichtum seiner entwickelten männlichen und weiblichen Seite schöpfen kann.[85] Dieser Vorschlag passt auch mit den hormonellen Veränderungen im Laufe eines menschlichen Lebens gut zusammen, wieder ist hier die Urprinzipientheorie mit der Biologie kompatibel.

Nach dem sogenannten Polaritätsgesetz entsteht die Lebensenergie durch die Spannung zwischen den Gegensätzen. Beim jungen Menschen sind es jene zwischen den Partnern, beim reifen Menschen können das die in der Tiefe der eigenen Persönlichkeit verwirklichten männlichen und weiblichen Anteile sein. Es ist wie bei allen anderen polaren Phänomenen: Wenn ich nur einen Pol haben will, funktioniert es nicht. Wenn ich nur einatmen will, weil ich das eher passive Ausatmen nicht mag, werde ich ersticken. Wenn ich ein Computerprogramm nur mit Einsen schreiben will, weil ich die Null irgendwie nichtssagend finde, wird das nicht funktionieren, und auch die Batterie, die nur einen Plus-Pol hat, weil ich alles Negative vermeiden möchte, wird keine Energie zur Verfügung stellen.

Genauso ist es heute schwierig, eine gute Beziehung zu führen, wenn beide Partner um die männliche Rolle konkurrieren: Der Dauerkonflikt ist vorprogrammiert und die archetypisch weiblichen Anteile werden, wenn überhaupt, lustlos und qualitativ minderwertig abgedeckt – es entsteht der Charme einer Männer-WG.

Wie immer man auch zu den fernöstlichen Weisheitslehren stehen mag, ich denke, dass auch in diesem Punkt die Empfehlung der Urprinzipienlehre plausibler ist als die der feministischen Bewegung. Ich wurde in dieses Leben geboren als männliches oder weibliches Wesen. Unabhängig davon, ob dahinter ein göttlicher „Vater" steckt, „Mutter" Natur oder anonyme naturwissenschaftliche Gesetzmäßigkeiten – ich werde mich in diesem Leben besser zurechtfinden, wenn ich darauf vertraue, dass die Zuweisung eines Geschlechts nicht eine dumme Laune der Natur war, sondern einen Sinn hat. Das ideologisch motivierte aktive Unterdrücken von angeborenen Wesenszügen, die gerade in jungen Jahren, hormonell unterstützt, mit großer Macht zur Durchsetzung drängen, kostet Energie, die man in anderen Lebensbereichen sinnvoller – und auch freudvoller – einsetzen kann.

Die stille Gegenrevolution

Wer hat den Geschlechterkampf verloren? Auf den ersten Blick sieht es so aus, als gäbe es nur Verlierer: Frauen, Männer und vor allem Kinder. Eingezwängt in technokratische und nie erfüllbare Idealvorstellungen vom geschlechtslosen Einheitsmenschen, oft auch in prekären und von Dauerkonflikten geprägten Beziehungssituationen, haben alle irgendwie ihren Preis bezahlt. Aber gibt es nun einen klaren Verlierer? Haben die in die Defensive gedrängten Männer verloren, oder vielleicht doch die Frauen, die am archetypisch männlichen Charakter des propagierten Gleichheitsideals leiden?

Ich möchte diesen Opferwettbewerb gerne verlassen, einen Schritt zurücktreten und zu einem anderen Schluss kommen: Wenn man auf das Gesamtbild schaut und die erreichten Fortschritte betrachtet, sind eigentlich alle Gewinner. Konflikte und gesellschaftliche Auseinandersetzungen hat es immer gegeben. Sie sind der Preis, den wir für unsere Entwicklung zahlen, und ich denke, dass man im Fall des sogenannten Geschlechterkampfes die positiven Entwicklungsschritte deutlich erkennen kann. Die Gesellschaft ist offener, flexibler und bunter geworden und deutlich mehr Menschen bekommen die Chance, so zu leben, wie es für sie persönlich am passendsten ist.

Und die Übertreibungen und Fehlentwicklungen unter der Überschrift des Gender-Mainstreamings – sie werden immer selbstverständlicher und immer gründlicher ignoriert. Wer kleidet sich heute privat noch wirklich gendergerecht, wer versucht noch, seinen Mädchen das Mädchenhafte und seinen Jungs das Jungenhafte auszutreiben, wer benutzt wirklich noch die genderkorrekte Sprache mehr als unbedingt nötig? Eine immer kleiner werdende Minderheit. Während die etablierten Parteien und die Genderforschung sich immer noch wechselseitig in den Idealen von gestern bestätigen und beauftragen – und sich damit in einem Zirkelschluss um die eigene Achse drehen –, hat sich das wirkliche Leben weitgehend von der Gleichheit abgemeldet. Es ist eine stille, aber wirksame Gegenrevolution im Gange. Wird sie still bleiben? Das dürfte davon abhängen, ob die Parteien im Gender-Kreisverkehr hängen bleiben, oder ob sie in sich die Fähigkeit finden, die Zeichen der Zeit zu erkennen. Donald Trump hat gezeigt, dass es auch zu schrillen Tönen und neuen Übertreibungen mit entgegengesetztem Vorzeichen kommen kann.

Vielleicht schaffen wir es ja, diesmal nicht wieder kollektiv in neue Extreme zu kippen. Dann haben wir eine Chance, eine echte Gleichberechtigung zu verwirklichen, die nicht auf einer eingebildeten Gleichheit beruht, sondern auf der Berechtigung, in gleicher Würde verschieden zu sein.

Danksagung

Zunächst einmal gilt mein Dank den Menschen, die noch vor mir selbst an dieses Projekt geglaubt haben: An erster Stelle mein Bruder Georg, auch Herr Joachim Kamphausen vom gleichnamigen Verlag und mein Onkel Gustav Schweiger. Ohne euch wäre dieses Buch nicht entstanden.

Für die vielen und wertvollen Vorschläge zur Verbesserung des Manuskriptes und die anregenden Gespräche möchte ich mich besonders bei Juliane und Alexander Rapp-Lücke, bei Jochen Drescher und auch bei Herrn Dr. Heinz-Werner Kubitza vom Tectum Verlag bedanken. Für weiteres wertvolles Feedback und schonungslose (aber hilfreiche) Kritik sei auch Georg Schweizer, Hans-Jörg Fürpass, Daniel Starke und Dr. Michael Tauber herzlich gedankt, ebenso wie Herrn Volker Manz für das kompetente Erst-Korrektorat.

Vielen Dank auch an Herrn Ruediger Dahlke: für die vielen Anregungen aus Ihren Büchern zu den Themen Projektion und Urprinzipien und auch für die kritische Durchsicht der entsprechenden Kapitel dieses Buches.

Ein lieber Gruß geht an die Damen vom Tectum Verlag, die auf ihre ganz spezielle Art auch einen Beitrag zur Verbesserung dieses Buches geleistet haben.

Die Zusammenarbeit mit dem Braumüller-Team hat großen Spaß gemacht und war konstruktiv, effektiv und für mich sehr lehrreich: vielen herzlichen Dank. Insbesondere das konsequente und gefühlvolle Lektorat von Frau Birgit Rezny hat die Lesbarkeit des Buches auf für mich wirklich überraschend umfassende Art und Weise gesteigert und den Leserinnen und Lesern viel Zeit erspart.

Ein Dankeschön, das gar nicht groß und fett genug gedruckt werden kann, geht an meine liebe Frau Jesica, dafür, dass du dieses Projekt toleriert hast – trotz allem, was dafür liegen geblieben ist. Danke auch fürs Korrekturlesen und dafür, dass dir die Themen in diesem Buch so herrlich egal sind. Damit holst du mich immer wieder auf den Boden herunter und zeigst mir, was wirklich wichtig ist.

Natürlich geht – last, but not least –, ein herzliches Dankeschön an meine lieben Eltern. Ihr wisst, es ist irgendwie auch euer Buch.

Anregungen, Anmerkungen, Feedback gerne an:
stille_gegenrevolution@gmx.com

Endnotes

1 Axel Meyer: „Adams Apfel und Evas Erbe", C. Bertelsmann (2015).
2 Jared Diamond: „Das Vermächtnis", S. Fischer (2012).
3 Steven Pinker: „Gewalt – Eine neue Geschichte der Menschheit", Fischer (2013).
4 Meyer: „Adams Apfel …" (siehe 1).
5 H. Takeuchi et al.: „Regional grey matter volume is associated with empathizing and systemizing in young adults", in: PLoS ONE 9-1 (2014): e84782.
6 G. M. Alexander, M. Hines: „Sex differences in response to children's toys in nonhuman primates (Ceropithecus ethics sabbaeus)", in: Evolution and Human Behaviour 23 (2002): 467–479.
7 Wolfgang Ihle, Manfred Laucht, Martin H. Schmidt, Günter Esser: „Geschlechtsunterschiede in der Entwicklung psychischer Störungen", in: S. Lautenbacher, O. Güntürkün, M. Hausmann: „Gehirn und Geschlecht", Springer Medizin Verlag (2007).
8 Anne Schienle: „Geschlechterdifferenzen in der Emotionalität aus der Sicht des Neuroimaging", in: S. Lautenbacher, O. Güntürkün, M. Hausmann: „Gehirn und Geschlecht", Springer Medizin Verlag (2007).
9 A. M. Kring, A. H. Gordon: „Sex differences in emotion: expression, experience and physiology", in: Journal of Personality and Social Psychology 74 (1998): 686–703.
10 Schienle: „Geschlechterdifferenzen in der Emotionalität..." (siehe 8)
11 J. M. Coates, J. Herbert: „Endogenous steroids and financial risk taking on a London trading floor", in: Proc. Natl. Acad. Sci. USA 105 (2008): 6167–6172.
12 Bariş O. Yildirim, Jan J. L. Derksen: „A review on the relationship between testosterone and life-course persistent antisocial behavior", in: Psychiatry Research 200, Nr. 2–3 (2012): 984–1010.
13 Nicholas D. Wright et al.: „Testosterone disrupts human collaboration by increasing egocentric choices", in: Proceedings of the Royal Society 279, Nr. 1736 (2012): 2275–2280.
14 Paul J. Zak et al.: „Testosterone Administration Decreases Generosity in the Ultimatum Game", in: PLoS ONE 4, Nr. 2 (2009): 1–7.
15 Yuping Jia, Laurence van Lent, Yachang Zeng: „Masculinity, Testosterone and Financial Misreporting", Journal of Accounting Res., Nr. 52, Issue 5 (2014): 1195–1246.
16 S. Baron-Cohen: „Prenatal testosteron in mind: amniotic fluid studies", Cambridge (MA) 2006.
17 Arthur P. Arnold: „Biologische Grundlagen von Geschlechtsunterschieden", in: S. Lautenbacher, O. Güntürkün, M. Hausmann: „Gehirn und Geschlecht", Springer Medizin Verlag (2007).
18 Meyer: „Adams Apfel …" (siehe 1).
19 L. Brizendine: „Das Weibliche Gehirn", Hoffmann und Campe.
20 Buch Aktuell, http://www.buchaktuell.de/fileadmin/buch_aktuell/LSA_MI_2011_03.pdf
21 Andrea Wöhr, M. A., Universität Hohenheim, Forschungsstelle Glücksspiel, https://www.unihohenheim.de/pressemitteilung?&tx_ttnews%5Btt_news%5D=18858&cHash=b4c33570bc743b48e1774eaeb99ee2e2
22 Constanze Hintze, „Frauen können's einfach besser", in: Handelsblatt, 14. 9. 2015, http://www.handelsblatt.com/finanzen/anlagestrategie/trends/geldanlage-frauen-koennens-einfach-besser/8932484.html
23 Roy F. Baumeister: „Wozu sind Männer eigentlich überhaupt noch gut? Wie Kulturen davon profitieren, Männer auszubeuten", Verlag Hans Huber (2012).
24 Meyer: „Adams Apfel …" (siehe 1).
25 Meyer: „Adams Apfel …" (siehe 1).
26 Ludwig-Boltzmann-Institut für Suchtforschunng (LBI-Sucht) im Auftrag des Bundesministeriums für Gesundheit und Frauen: „Illegaler Drogenkonsum in Österreich", BMGF/LBISucht/market 2005, August 2006.
27 WSI: „Frauen und Männer arbeiten in unterschiedlichen Berufen", http://boeckler.de/53494.htm
28 Susan Pinker: „The sexual paradox. Men, woman and the real gender gap" Scribner (2008).
29 D. Lubinski, C. P. Benbow: „Gender differences in abilities and preferences among the gifted: Implications for the math/science pipeline", in: Current Directions in Psychological Science 1 (1992): 61–66.
30 S. J. Ceci et al.: „Woman in academic science: a changing landscape", in: Psychological Science in the Public Interest 15 (2014): 75–141.
31 David M. Buss, David P. Schmitt: „Sexual Strategies Theory: En Evolutionary Perspective on Human Mating", Psychological Review Vol. 100, No. 2 (1993) 204–232.
32 Meyer: „Adams Apfel …" (siehe 1).
33 Puts, D. A., et al.: „Dominance and the evolution of sexual dimorphism in human voice pitch", in: Evolution and Human Behaviour 27 (2006): 283-296.

34 Puts, D. A.: " Beauty and the beast: mechanisms of sexual selection in humans", in: Evolution and Human Behaviour 31 (2010): 157-175.
35 U. M. Marcinkowska et al.: „Cross-cultural variation in men's preference for sexual dimorphism in women's faces", in: Biology Letters 10 (2014): 20130850.
36 Eine genaue Prozentzahl konnte nicht gefunden werden. Der Marktanteil feministischer Frauenzeitschriften im Vergleich zu klassischen Frauenzeitschriften liegt bei 0,1 % und der völlige Verzicht auf geschlechtsspezifische Kleidung, Styling oder Accessoires ist eine seltene Ausnahme.
37 P. Döge: „Männer – die ewigen Gewalttäter?", Institut für anwendungsorientierte Innovations- und Zukunftsforschung (2009). Laut der Studie üben etwa 30 Prozent der Frauen und 34 Prozent der Männer Gewalt innerhalb oder außerhalb des familiären Bereiches aus und 45 Prozent der Männer sowie 41 Prozent der Frauen erleiden Gewalt. Weibliche Gewalt findet am häufigsten im familiären Bereich statt, männliche sowohl innerhalb als auch außerhalb der Familie.
38 Laut Arbeitgeber- und Industrieverbände BDA und BDI (2011).
39 „Integrating work and life – it's not just a woman's issue anymore", Studie der internationalen Managementberatung Bain & Company nach der Befragung von 1.500 MBA-Studenten und -Absolventen in den USA.
40 „Tödliche Arbeitsunfälle 2000–2009"; Bundesanstalt für Arbeitsschutz und Arbeitsmedizin (BAUA).
41 „Battle of the Sexes: Wer verhandelt besser? Frauen oder Männer?", Unversität Hohenheim, 2006, https://www.uni-hohenheim.de/news/battle-of-the-sexes-wer-verhandelt-besser-frauen-oder-maenner-3
42 FOCUS, Österreichische Wochenzeitschrift, vom 28. 9. 2014, Artikel „Warum Männer gar nicht mehr verdienen als Frauen".
43 „Gender News: Große Unterschiede in den Arbeitszeiten von Frauen und Männern. Ergebnisse aus dem WSI GenderDatenPortal", WSI Report, 22. 3. 2015.
44 Jutta Allmendinger und Julia Haarbrücker: „Lebensentwürfe heute – Wie junge Frauen und Männer in Deutschland leben wollen. Kommentierte Ergebnisse der Befragung 2012", Discussion Paper P 2013–002, Wissenschaftszentrum Berlin für Sozialforschung.
45 Holger Schäfer, Jörg Schmidt, Oliver Stettes: „Beschäftigungsperspektiven von Frauen", IW-Positionen Nr. 57, Köln 2013, http://www.iwkoeln.de/de/presse/pressemitteilungen/beitrag/beschaeftigungsperspektiven-von-frauen-nur-2-prozent-gehaltsunterschied-102500
46 http://diepresse.com/home/wirtschaft/economist/510110/Studie_Frauen-geben-mehr-fur-Konsum-aus-als-Maenner
47 Kapella/Rille-Pfeiffer: „Einstellungen und Werthaltungen zu Themen der Vereinbarkeit von Familie und Erwerb", Österreichisches Institut für Familienforschung, Working Paper Nr. 66 (2007).
48 Mouvement Mondial des Mères: „What Matters to Mothers in Europe", Survey 2011.
49 „Der neue Jugendmonitor. 4. Welle: Meinungen und Einstellungen der Jugend zur Familie", Bundesministerium für Wirtschaft, Familie und Jugend Österreich, 23. 5. 2011.
50 Bauer-Jelinek: „Die geheimen Spielregeln der Macht und die Illusionen der Gutmenschen", Ecowin Verlag (2007).
51 Meyer: „Adams Apfel ..." (siehe 1).
52 Puts et al.: „Dominance and the evolution ..." (siehe 33).
53 C. Voigt et al.: „Sex-role reversal is reflected in the brain of African black coucals. Developmental Neurobiology 67 (2007): 1560-1573.
54 Startup Monitor des Bundesverbands Deutsche Startups (BDS) für 2012.
55 ORF-Serie „Vorstadtweiber", 19. Folge, Buch: Uli Brée
56 Jutta Allmendinger und Julia Haarbrücker: „Lebensentwürfe heute ..." (siehe 43).
57 Befragung von 1.000 Bundesbürgern durch das Institut Infratest Dimap im Auftrag der ARD: Nur ein Drittel der befragten Frauen waren für eine fixe Quote von 30 Prozent bei Führungspositionen (2012). Es gibt Umfragen mit sehr verschiedenen Ergebnissen, eine klare Befürwortung durch Frauen mit über 50 Prozent ist aber nicht erkennbar.
58 Umfragewerte bezüglich der Frage, ob Arbeitnehmerinnen lieber unter einem Chef oder unter einer Chefin arbeiten:

Umfrage von	Jahr	Anz.befragte Personen	Frauen, die Chefin bevorzugen (%)	Frauen, die Chef bevorzugen (%)	Frauen, denen es egal ist (%)
IFAK (DE)	2000	2.000	20	40	40
Baumann (DE)	2014	300	33	66	–
Britische Studie	2009	2.000	33	66	–
Mechthild Cordes (DE)	2001		12	31	57
Gallup (USA)	2014	1.032	25	39	34
GfK (DE)	2011	1.045	12	9	79

Auch die männlichen Befragten arbeiteten überwiegend lieber unter männlicher Führung.

59 Emily Grundy and Øystein Kravdal: „Reproductive History and Mortality in Late Middle Age among Norwegian Men and Women", in: American Journal of Epidemiology167 (3/2007): 271–279.
60 Österreichische Krebshilfe Wien, http://www.Krebshilfe-wien.at. Nach diesem Ratgeber ist das Brustkrebsrisiko für Frauen, die keine Kinder bekommen haben, um einen Faktor von zwei bis drei höher als das von Frauen, die vor ihrem 18. Lebensjahr ein Kind bekommen haben. Ab einer Geburt nach dem 30. Lebensjahr ist das Brustkrebsrisiko von Müttern gleich wie das von kinderlosen Frauen.
61 Chun-Yuh Yang: „Association between parity and risk of suicide among parous women", in: Canadian Medical Association Journal 182 (6/2010). Bei zwei Kindern sank gegenüber einem Kind die Suizidrate um 39 Prozent, bei drei und mehr Kindern um 60 Prozent. Ein Vergleich mit kinderlosen Frauen konnte nicht durchgeführt werden, weil hierzu keine Daten vorlagen. Für die Studie wurden Daten von über einer Million Frauen in Taiwan, die ihr erstes Kind zwischen 1978 und 1987 zur Welt gebracht haben, ausgewertet. Auch Studien aus Norwegen, Finnland und Dänemark kamen zu dem Ergebnis, dass Mütter eine deutlich niedrigere Selbstmordrate haben als kinderlose Frauen.
62 Das Lied „Neue Männer braucht das Land" erschien 1982 auf dem gleichnamigen Album, Text und Komposition von Ina Deter.
63 Charles Darwin: „On the Origin of Species", 1859.
64 Meyer: „Adams Apfel …" (siehe 1).
65 Die Pensionsbeitragszahler Österreichs: „Jeder zahlt bald einen Pensionisten", 26. 2. 2013, http://www.diepensionsbeitragszahler.at/index.php?site=news&detail=159
66 Angaben schwanken stark, je nach Quelle und auch in Abhängigkeit von der Einkommens- und Wohnsituation der Familie.
67 Statistik Austria, EU-SILC 2015.
68 D. M. Garner, P. E. Garfinkel, D. E. Schwartz, M. Thompson: „Cultural expectations of thinness in women", in: Psychological Reports 47 (1980): 483–491.
69 Anne Wizorek: „Weil ein Aufschrei nicht reicht: Für einen Feminismus von heute", Fischer (2014)
70 Doris Hummer war Landesrätin (entspricht in Deutschland einer Ministerin eines Bundeslandes) von Oberösterreich und wurde 2015 ihres Amtes enthoben, worauf der Landeshauptmann (entspricht einem Ministerpräsidenten) in der Presse als Frauenfeind angefeindet wurde.
71 Meyer: „Adams Apfel …" (siehe 1).
72 Harald Werneck: „Übergang zur Vaterschaft: Auf der Suche nach den ‚Neuen Vätern'", Springer (2013).
73 Zitat von A. Schwarzer: „Eine hat es getan. Jetzt könnte es jede tun. Gewalt ist für Frauen kein Tabu mehr. Es kann zurückgeschlagen werden. Oder gestochen. Amerikanische Hausfrauen denken beim Anblick eines Küchenmessers nicht mehr nur ans Petersilie-Hacken. … Und da muß ja Frauenfreude aufkommen, wenn eine zurückschlägt. Endlich." Focus Nr. 5, 1994.
74 Charlotte Elisabeth Grace Roche, Interview in der KLEINEN ZEITUNG, 13. 9. 2014.
75 Gregor Henckel-Donnersmarck: „Reich werden auf die gute Art: Vermögenstipps eines Geistlichen", Edition a (2014).
76 Manfred Spitzer: „Digitale Demenz", Droemer (2014).
77 Ruediger Dahlke: „Die Schicksalsgesetze – Spielregeln fürs Leben", Arkana 2009.
78 Thorwald Dethlefsen, Ruediger Dahlke: „Krankheit als Weg – Deutung und Bedeutung der Krankheitsbilder", Bertelsmann (1989).
79 Statista-Website: https://de.statista.com/statistik/daten/studie/154619/umfrage/telefondauer-von-privaten-gespraechen-in-deutschland-nach-geschlecht/
80 Das Lied „Männer" erschien 1984 auf dem Album „4630 Bochum" (EMI), Text und Komposition von Herbert Grönemeyer.
81 KLEINE ZEITUNG, Steiermark-Ausgabe, 10. 1. 2016, S. 6 und 7.
82 www.taz.de, Abfrage der Suchbegriffe am 14. 09. 2015.
83 Ruediger Dahlke: „Der Körper als Spiegel der Seele", Goldmann (2009).
84 Monika Ebeling: „Die Gleichberechtigungsfalle", Herder (2012).
85 Dethlefsen/Dahlke: „Krankheit als Weg – …" (siehe 73).